Hurenaquarium und andere Unhöflichkeiten
Richard Wagner
im Spiegel der zeitgenössischen Kritik

Herausgegeben von Wilhelm Tappert im Jahr 1876,
vermehrte Auflage 1903
Vorwort von Heinz Friedrich

Deutscher
Taschenbuch
Verlag

dtv

Von und über Richard Wagner
sind im Deutschen Taschenbuch Verlag erschienen:
Richard Wagner: Die Musikdramen (2085)
Peter Wapnewski: Der traurige Gott (1797)
Alexander Witeschnik: Wer ist Wotan? (10067)
Wagner-Chronik. Daten zu Leben und Werk (3251)

Ungekürzte Ausgabe
1. Auflage Februar 1968
2. Auflage Januar 1983: 21. bis 30. Tausend

Umschlaggestaltung: Celestino Piatti unter Verwendung einer zeitgenössischen Karikatur
Gesamtherstellung: C. H. Beck'sche Buchdruckerei, Nördlingen
Printed in Germany · ISBN 3-423-10072-9

Das Buch

»Zur Gemütsergötzung in müßigen Stunden« schrieb der zu seiner Zeit bekannte Musikhistoriker Wilhelm Tappert 1876 in den Titel seines ›Wörterbuchs der Unhöflichkeit‹. Im Vorwort zur zweiten vermehrten Auflage, 1903, bedauert er, diesen Untertitel – offensichtlich auf Wunsch des Verlegers – nicht beseitigt zu haben. Denn die Leser sollten sich »nicht amüsieren, sondern erstaunt und entrüstet fragen: Wie war es möglich, daß man Richard Wagner, einen mächtigen Großfürsten in der Kunst, einen wirklichen Mehrer des Reiches der Töne, so schändlich behandeln konnte«.
Für uns entbehrt es nicht der Komik, zu sehen, wie ein engagierter Wagnerverehrer ausgerechnet mit dieser umfangreichen Sammlung spöttischer und gehässiger Zitate die letzten Nörgler und Zweifler für den Meister zu gewinnen suchte. Da wird die Ouvertüre zum Lohengrin eine »gefüllte Maikäferschachtel« genannt, die Szene mit den Rheintöchtern als »Hurenaquarium« und Wagner selbst als »Blechschmied«, »Nervenzerrütter« und »rasend gewordener Narr« bezeichnet. Tapperts Wagnerlexikon ist ein kulturgeschichtliches Kuriosum, wie man es nicht alle Tage wiederentdeckt.

Der Herausgeber

Wilhelm Tappert, 1830 in Oberthomaswaldau bei Bunzlau (Schlesien) geboren, war mehrere Jahre als Lehrer tätig, studierte von 1856 bis 1858 Musik in Berlin, wo er später als Lehrer an der Neuen Akademie der Tonkunst und als Musikreferent wirkte. Von 1878 bis 1881 redigierte er die ›Allgemeine Deutsche Musikzeitung‹. Tappert machte sich mit mehreren Schriften und zahlreichen Beiträgen zur Musikgeschichte einen Namen. Er starb 1907.

Ein Wort zur Neuausgabe

Wilhelm Tappert (1830–1907), geachteter Musikforscher und -schriftsteller seiner Epoche, war ein ehrenwerter Mann. Empört über den Unrat, den eine ganze Kritiker-Generation über dem Haupt des von ihm so hoch verehrten Richard Wagner auskübelte, beschloß er, den Neidlingen ein negatives Denkmal zu setzen: Mit heiligem Eifer trug er aus der in- und ausländischen Presse, aus Zeitschriften und Büchern alle Invektiven zusammen, die Wagners Zeitgenossen ersonnen hatten, um den Meister zu verleumden, zu erniedrigen und der Lächerlichkeit preiszugeben. Er ordnete sie fein säuberlich nach Stichworten und reihte sie alphabetisch auf in seinem ›Wörterbuch der Unhöflichkeit – enthaltend grobe, höhnende, gehässige und verleumderische Ausdrücke, die gegen den Meister Richard Wagner, seine Werke und seine Anhänger von den Feinden und Spöttern gebraucht‹ worden sind. Durch das Gekläff der kleinen Geister, so hoffte er, werde die Größe des bewunderten Mannes nur um so entschiedener betont, getreu dem Motto: Viel Feind, viel Ehr.

Und er hatte so unrecht nicht, der wackere Herr Tappert, obwohl er sich in seinen Randbemerkungen, Kommentaren und Vorworten nicht selten als Friederike Kempners Bruder im Geiste des unfreiwilligen Humors erweist. Denn überblickt man diesen Stichwortkatalog der Unhöflichkeit von »Afterkunst« bis »Zwitterding«, so müssen selbst Antiwagnerianer zugeben, daß ein Werk, das derartigen Beschimpfungen und soviel Spott standgehalten hat und noch standhält, überzeitliche Qualitäten aufweise. Ja: vielleicht wird erst heute, da die wallenden Germanenbärte, die martialischen Helme und Brünnen und der ganze Theaterplunder des gründerzeitlichen Mythenmuseums von den Bühnen (vor allem aus Bayreuth) verschwunden sind, Wagners »Zukunftsmusik« zureichend verstanden in ihrer grundstürzenden Modernität, ihrem psychologischen Raffinement und ihrer genialen spätromantischen Gebrochenheit. Zu Lebzeiten hatte Richard Wagner nur einen einzigen Gegner von ebenbürtigem Rang: Friedrich Nietzsche. Wie einsam dieser große Antiwagnerianer aus der Schar geistreicher, aber im Grunde meist verständnisloser Kläffer herausragt, dokumentiert nicht zuletzt Tapperts Buch – es beweist aber auch, daß damals, in der guten, alten Zeit (die ebensowenig gut war wie die unsere alt ist) die Kritiker keineswegs mit Glacéhandschuhen ihre spitzen Federn führten, sondern auf die Objekte ihres Zorns durchaus auch mit Fleischmessern, Äxten und ätzenden Säuren loszugehen pflegten – vom heimtückischen Rufmord ganz zu schweigen. Der Weg zum musikdramatischen Gesamtkunstwerk war für Wagner trotz Königsgunst und Jüngerjubel kein freundlicher Osterspaziergang und auch kein triumphaler Einzug ins Musik-Walhall; nur ein unerschütterliches Selbstbewußtsein sowie eine monomane künstlerische Besessenheit vermochten diesen Anfeindungen und Mißverständnissen, dieser Orgie von Haß und Hohn zum Trotz das konzipierte Werk zu verwirklichen und zu vollenden.

In diesem Sinne ist Tapperts feuilletonistische Blütenlese trotz oder sogar wegen seiner Kuriosität ein bedeutendes kultur- und musikhistorisches Dokument, das seit seinem ersten Erscheinen im Jahr 1876 kaum antiquarischen Schimmel angesetzt hat – das aber auch nichts einbüßte von der rührend-amüsanten Naivität des Editors, der in der Rolle des eifrigen Wagner-Verehrers posiert und als tapferer Streiter für Recht und Gerechtigkeit das wunderliche Pathos des plüschenen Kunstpriesters demonstriert: So liefert er, der Wagner im Karikatur-Spiegel hämischer und ignoranter Kritiker vorzustellen gedachte, die unfreiwillige Selbstparodie eines berauschten Wagnerianers in eigener Person zugleich mit. Und in dieser tragikomischen Ambivalenz liegt der eigentliche Reiz dieses Buch-Unikums, dessen aufmerksame Lektüre gleichermaßen zum Lächeln wie zum Nachdenken ermuntert.

Heinz Friedrich

Richard Wagner im Spiegel der Kritik

Wörterbuch der Unhöflichkeit, enthaltend grobe, höhnende, gehässige und verleumderische Ausdrücke, die gegen den Meister Richard Wagner, seine Werke und seine Anhänger von den Feinden und Spöttern gebraucht wurden

Zur Gemütsergötzung
in müßigen Stunden
gesammelt von

Wilhelm Tappert

Vorwort zur ersten Auflage.

Großgünstiger Leser!

Wenn die Gemüter erhitzt sind, da spinnen die Zungen keine Seide; Du mußt also manch groben Faden, manch unflätig Zeug ruhig hinnehmen, sintemal ich ja nicht ein Sterbenswörtchen erfunden, sondern Vorhandenes nur getreulich gesammelt und stets einer unverfälschten Wiedergabe mich befleißigt habe. Wundert es Dich etwa, daß der Erste, Beste so mit dem Ersten und Besten der Gegenwart redet, wohlan, nimm nur nicht mich beim Wickel, sondern fasse die wahren Übeltäter am Schopf! Wohlwollender Leser! falls aber Deine Hand es nicht wagt, sich auszustrecken gegen liebgewonnene »Häupter«, sei es, daß ihnen die leuchtende Strahlenkrone der Unfehlbarkeit »ringsum« sitzt, oder weil das finsterblickende Augenpaar eines kritischen Jupiter Dich überhaupt einschüchtert, – dann schiebe getrost alles Unrechte, was da geschah und leider noch immer geschieht, der guten Frau Zeit in die Schuhe. Ja, ja, die Zeit wird schuld sein, in der Luft wird es liegen, gleich einem *Miasma der Grobheit*, wie käme es sonst, daß wir überall die *Unsitte* als Hauptwaffe verwendet finden im Kampfe gegen den erhabenen Meister Richard Wagner? Der blinde Haß, mit welchem der grünschnäblige Miesnick-Quartaner wie der ehrengraue Professor ins Feld rücken, will kaum eines der Gesetze anerkennen, welche sonst unter gebildeten Leuten zu Recht bestehen. Die rückständigsten Formen der Pöbelhaftigkeit, die impertinentesten Bêtisen der Unwissenheit werden mit Behagen gepflegt und verwendet. Wäre *begeifern* so viel als *widerlegen*, und *schimpfen* gleichbedeutend mit *beweisen*: dann allerdings hätte Wagner seine künstlerische Existenz schon seit langer Zeit verwirkt.

Soviel als Vorwort, – und nun – zur Sache!

Dezember 1876.

Vorwort zur zweiten Auflage.

Es mag im Winter 1875/76 gewesen sein, als einer von den jungen Musikern, die Wagner bei den Vorarbeiten zu den Festspielen 1876 behilflich waren, zu mir kam und mich bat, ihm eine Liste der Böswilligkeiten mehrerer wagnerfeindlichen Kritiker, die er nannte, zusammenzustellen. Aus seinen Reden war zu entnehmen, daß die jugendlichen Heißsporne eine Art »Abrechnung« während der Festspiele planten, zu diesem Zwecke wollten sie das Schuldkonto jedes einzelnen kennen lernen. Ich betonte, es sei Christenpflicht, reuigen Sündern zu vergeben, und die Möglichkeit wäre doch nicht ausgeschlossen, daß der Nibelungenring die Gemüter verstockter Missetäter völlig umwandle usw. Man müsse daher abwarten; auf keinen Fall dürfe die Festspielstimmung durch irgendwelche unliebsame Intermezzi gestört werden. In diesem Sinne hatte sich später auch Wagner ganz deutlich geäußert, und ich versprach schließlich, nach den Bayreuther Aufführungen und hauptsächlich mit Bezug auf diese ein solches Verzeichnis anzufertigen. So entstand das – Wagnerlexikon! Dem nächstliegenden Zwecke entsprechend, kam es mir in erster Linie auf die *Kraft-* und *Schlagworte* an, daraus erklärt sich die Kürze der meisten Zitate. An eine zweite Auflage habe ich eigentlich nie gedacht; Jahrzehnte lang wurde aber gesammelt, bis die Aufforderung an mich gelangte, doch eine neue Ausgabe zu veranstalten, weil die erste, was auch mir wohl bekannt war, längst vergriffen sei.

Die Arbeit nahm bei weitem mehr Zeit in Anspruch, als ich gedacht, ein bedeutendes Material hatte sich nach und nach angehäuft, aus der früheren Publikation konnte verhältnismäßig nur wenig unverändert übernommen werden. Gern hätte ich auch den Titel geändert, wenigstens die »Gemütsergötzung« beseitigt, denn nicht darauf ist es heute, nach 27 Jahren, bei mir abgesehen, sondern auf *ernste Erwägung*! Die Leser sollen sich nicht amüsieren, sondern erstaunt und entrüstet fragen: Wie war es möglich, daß man Richard Wagner, einen mächtigen Großfürsten in der Kunst, einen wirklichen Mehrer des Reiches der Töne, *so schändlich* behandeln konnte? Die Wagnerbewegung hat nach meinem Dafürhalten ihren Höhepunkt bereits überschritten. Schon rüstet man sich, dem vielgeschmähten

Meister in – Berlin ein »Denkmal von Stein« zu setzen! Wer hätte *das* wohl für möglich gehalten an *dem* Tage, an welchem in einem hiesigen angesehenen Blatte der angestellte musikalische Wahrsager und Zeichendeuter feierlich verkündete: »Wagner wird in Berlin *nie* populär werden, dafür bürgt uns der gesunde Sinn der Berliner!« Der Zeitpunkt ist jetzt gekommen für einen Rückblick, wie ihn meine Arbeit ermöglicht. Ich würde mich nicht wundern, wenn jemand dem Wagnerlexikon aus diesem Grunde sogar eine kulturgeschichtliche Bedeutung beilegte.

Den Bayreuther Aufführungen des Nibelungenringes verdankt mein Lexikon seine Entstehung. Nach 1876 lieferte das Jahr 1882, in welchem das Bühnenweihfestspiel ›Parsifal‹ erstmals erklang, reiche Ausbeute. Viel wurde dem Sammler geboten, auf eine Auswahl mußte er sich beschränken. Wenig Gnade fand schon die Dichtung. Hanslick sprach 1877 von einem »gräßlichen Textbuche«, 1882 bezeichnete er es aber als wirksam, als ein dankbares Opernlibretto. Ludwig Speidel behauptete, es sei in jenem »Halb- und Garnichtdeutsch« geschrieben, welches sich an Übersetzungen aus dem Mittelhochdeutschen herangebildet hat. »Der Parsifal ist doch die reine Puppenkomödie« versicherte ein Wagnervereinsmitglied. Professor Helmholtz variierte das Thema:

Als David kam ins Alter,
Machte er Psalter,

drückte sich aber nicht so manierlich aus, sondern höchst drastisch.

Man kann mühelos durch 40 Jahre verfolgen, wie gehässig sich Berlin gegen Wagner benahm, von den ersten Aufführungen des ›Fliegenden Holländer‹, Januar 1844 – schon bei der zweiten, am 9. Januar, zischte eine »Mietsklaque«, wie es in den ›Signalen‹ heißt, als Wagner gerufen wurde – bis zur Première der ›Walküre‹, 7. April 1884, deren Erfolg allerdings ein bedeutender war.

Der polnische Revolutionär Ludwig von Mieroslawski wurde am 17. November 1847 in Berlin zum Tode verurteilt, aber zu lebenslänglichem Gefängnis begnadigt. Drei Wochen vorher fand die erste Rienziaufführung in Berlin statt; wenn man das weiß, dann ist der »geistreiche« Witz verständlich: »Mieroslawski wurde gefragt, ob er ins Gefängnis gehen oder einmal ›Rienzi‹ sich anhören wolle. Er zog die Freiheitsstrafe jeder anderen vor.« Es würde zu weit führen, wollte ich der abfälligen Urteile über ›Tannhäuser‹ (1856), ›Lohengrin‹ (1859) und ›Tristan‹ (1876) gedenken oder etwa zu schildern versuchen, wie es den Meistersingern 1870 erging. Die Première dieses herrlichen Werkes bleibt ein Schandfleck für Berlin, der nie zu tilgen ist, so lange sich auch nur *ein* Mensch der brutalen Pöbeleien des Publikums *und* der Presse zu erinnern vermag.

Oberflächliche Zeitungsleser, die als echte Kinder unserer schnellebigen Zeit in der Regel schon morgen vergessen haben, was gestern geschah, denen das »Wissen« genügt, welches ihr »Blatt« morgens und abends in minimalen Tagesrationen ihnen zuträgt, könnten sagen: hin ist hin und vorbei ist vorbei, wozu alte Geschichten aufwärmen? Dem Wagnerkriege folgte ja schon längst der Friedensschluß. Wagners Opern sind Kassenstücke geworden, jeder sieht und hört sie gern, niemand versagt ihm die schuldige Hochachtung. So mag die Stimmung im großen Publikum sein, welches ja so leicht getäuscht werden kann durch äußere Erfolge; es gibt aber noch immer eine Partei, die grollend und nörgelnd, neidisch und absprechend »Strahlendes zu schwärzen« sucht. Hier genügt *eine* markante Probe der Wertschätzung, die unserm genialen Meister heute noch von seiten unbelehrbarer Gegner zuteil wird.

Im ›Deutschen Wochenblatt‹ ließ K. Busse 1899 die Rundfrage an deutsche Schriftsteller ergehen: was sie von Richard Wagner als Dichter hielten. Professor Max Müller in Oxford antwortete: »Daß Richard Wagner *kein* Dichter ist, hat er durch die Mißhandlung sowohl der Nibelungen, als des Parsivalzyklus (!) bewiesen. Dafür verdiente er, was dem Homer zugestoßen, als er in die Unterwelt kam, nach Diogenes Laertius, VIII, 21. Sie sehen, ich bin ein Philister, aber es muß auch solche Käuze geben.« Wie erging es Homer? Nach einer Erzählung des Hieronymus soll Pythagoras in die Unterwelt hinabgestiegen sein und dort die Schatten Hesiods und Homers gesehen haben. Die Seele Hesiods war mit Stricken an eine eherne Säule gebunden und gab ein zischendes, schnarrendes Geräusch von sich, die Seele Homers hing an einem Baume und wurde von Schlangen umzingelt; so büßten beide für das, was sie über die Götter geschrieben. – Professor Max Müller in Oxford hatte also den freundlichen Wunsch, Richard Wagner möge an einem Baume hängen und von Schlangen umzischt werden. (Gemütsmensch!)

Muß es wirklich solche Käuze geben? Lassen wir diese Frage unerörtert! Ob auch die Zeitgenossen den kühnen Denker in Tönen als Reformator nicht gelten lassen wollten, nur Hohn und Spott für ihn hatten: die Zukunft – »die Posterität«, auf welche schon vor Jahrhunderten mancher seine Hoffnungen setzte – hat auch unserm Meister Recht gegeben. Daran ist heute nicht mehr zu rütteln, das steht – fest!

Die Rose braucht man nicht zu preisen,
Das Einmaleins nicht zu beweisen;
Der Sonne Glanz ist sonnenklar
Und was Er schuf – ganz wunderbar!

Berlin, im Juni 1903.

Wilh. Tappert.

Motto: Viel Feind', viel Ehr'!
Alter Spruch.

»Das muß allerdings ein großer Mann sein, gegen den seit zwei Dezennien eine ganze Welt kämpft.«
M. Gutmann, 1869.

A

Abderiten. »Richard Wagners mehrtägige Anwesenheit setzt nur sein Häuflein Parteigänger in fieberhafte Aufregung; das übrige Berlin ist ruhig und gleichgültig gegenüber den Kabriolen (!) moderner *Abderiten*, die sogar ein Immediatgesuch an den Kaiser gebracht haben, den Meister Richard doch eine seiner Opern im Opernhause dirigieren zu lassen.« (Berliner Musikzeitung ›Echo‹, 5. Febr. 1873.)

Abgewalktheit. »Der greisenhafte Wagner hat mit dem Parsifal eine Schöpfung hinterlassen, die an Lebensmüdigkeit, *Abgewalktheit* und mystischer Unverständlichkeit mit dem 2. Teil von Goethes Faust ihresgleichen hat.« Angeblich das Urteil eines namhaften süddeutschen Militärkapellmeisters; *con amore* von einer Berliner Zeitung abgedruckt im Festspieljahre 1889.

Abstand. »Zwischen einem geistreichen Manne und einem Zukunftsmusiker – welch ein *Abstand*!« (Als schlagende Sentenz eines »geistreichen« Gesinnungsgenossen zitiert in der ›Vossischen Zeitung‹, Berlin 1856, 13. September, von Otto Lindner.)

Absurdität. »Das Gedicht ist in jeder Beziehung eine *Absurdität*, die Musik, mit Ausnahme einiger Partien, das raffinierte Gebräu einer abgelebten, krankhaften Phantasie.« (Ed. Schelle über ›Tristan‹, 1865.)

Abtun. »Aufrichtig gesagt, einen Wagner *abtun*, gehört, inmitten der über alle Maßen schweren Aufgabe meines Lebens, zu den wirklichen Erholungen.« (Friedrich Nietzsche in einem Briefe an Malwida von Meysenbug, datiert: Turin, 4. Oktober 1888.)

Affe. »Wagner, dem nie ein musikalischer Gedanke aus der Tiefe der Seele quillt, ist ein kluger Nachahmer wirklicher Vorgänge, seine Musik ist der geschickte *Affe* der Realität.« (Speidel, Wiener ›Fremdenblatt‹, 20. August 1876.)

Affenschande. »Als das Bayreuther Festspiel noch im Werden begriffen war, als die werktätige Begeisterung der Adepten auch kühlere Naturen mit sich fortriß, da konnte man meinen, daß das deutsche Volk mit der Sache zu schaffen habe. Aber nein, nein und dreimal nein, das deutsche Volk hat mit dieser nun offenbar gewordenen musikalisch-dramatischen *Affen-*

schande nichts gemein, und sollte es an dem falschen Golde des ›Nibelungen-Ringes‹ einmal wahrhaftes Wohlgefallen finden, so wäre es durch diese bloße Tatsache ausgestrichen aus der Reihe der Kunstvölker des Abendlandes.« (L. Speidel im Wiener ›Fremdenblatt‹, 15. Okt. 1876. Schlußwort über das Bühnenfestspiel in Bayreuth.) – Nach der Grundsteinlegung (Mai 1872) schrieb derselbe Herr Speidel wörtlich folgendes: »Richard Wagners Sache ist von der deutschen Sache nicht mehr zu trennen. – – Für die Deutschen ist es nicht leicht, ein großer Mann zu sein, dem sie rückhaltslos Verehrung und Liebe zollen. – – Daß Richard Wagner der erste Opernkomponist unserer Zeit, ist unbestritten. – – Abgesehen vom Werte oder Unwerte der Wagnerschen Musik, so besitzt sie doch eine positive Eigenschaft: sie ruft Begeisterung hervor, Begeisterung in den weitesten Kreisen, Begeisterung im ganzen deutschen Volke, soweit es das Operntheater besucht. – – Das deutsche Volk sieht in Wagners Opern seine zeitweiligen Ideale verwirklicht, und wer sie ihm nehmen wollte, würde diesem Volke ein Stück Seele aus dem Leibe reißen.«

Afterkunst. »Richard Wagner, der Mann, der die Welt mit dem Lärm seiner *Afterkunst* erfüllt und pathetisch als ein Priester des wahren Deutschtums sich zu gebärden pflegt.« (H. Wittmann, ›Breslauer Morgenzeitung‹, Juni 1877.) – »So durchlöchern sich die Grundsätze für die Wagnersche *Afterkunst* immer mehr und alle Agitationen sind nur Beweise, mit welchen krampfhaften Mitteln die Wagner-Torheit in Deutschland erhalten werden soll. Aber die Vernunft wird leben bleiben trotz aller Wagnervereine.« (›Neue Freie Presse‹, 7. Sept. 1877, Korrespondenz aus München.)

After-Wagner. »Am Ende der Vorstellung waren es wiederum nur die armen fanatischen Tröpfe, welche sich um den dirigierenden Kapellmeister Richter die Kehlen heiser schrieen und diesen Propheten des Meisters, diesen talentlosen *After-Wagner* vor den Vorhang riefen.« (Wittmann in der ›Breslauer Morgenzeitung‹; Bericht über die erste Aufführung der Walküre in Wien am 5. März 1877.)

Aktien. »Martin Luther hat sein nationales Unternehmen durchgesetzt, ohne *Aktien* zu emittieren. Lessing, Schiller und Goethe haben das geistige Leben der Nation umgestaltet, ohne Patronatscheine zu verkaufen.« (W. Mohr: ›Das Gründertum in der Musik.‹ Köln, 1872.)

Aktienunternehmen. »Als Festoper zur Geburtstagsfeier des Königs von Württemberg gelangt am 6. März neu und reich inszeniert und neu einstudiert Mozarts Zauberflöte zur Aufführung. Die Kosten der Ausstattung belaufen sich auf mehr als 20000 Gulden. Was sagen dazu die Wagnerianer? fragt ein Berliner Publizist. Müßige Frage; die bedauern natürlich, daß das schöne Geld nicht in das Bayreuther *Aktienunternehmen* geflossen ist.« (›Echo‹, 6. März 1872.)

Alberich. (Als Schimpfwort gebraucht.) Im Briefkasten der ›Dresdner Nachrichten‹ vom 5. Juli 1880 steht folgende Antwort: »Einem jeden Hornbostel, der aus Faulheit oder Phantasterei zur Bühne will, antworten wir nicht. Sie *Alberich*!«

Albernheit. »Ein Berg von *Albernheit* und Plattheit in Wort, Gebärde und Musik sind die ›Meistersinger‹.« (›Signale‹.)

Alchimist. »Will Er Sänger und ihre Stimmen bilden? Das kann Er nicht. Er kann bloß Stimmen verschwinden lassen; das hat der große Hexenmeister, der Noten-*Alchimist*, schon öfter bewiesen. Wenn es nach ihm ginge, hätte Vogl schon längst keinen Ton mehr im Halse, aber der schlaue Vogl hat sich schon längst von ihm zurückgezogen.« (Friedrich Schmitt über das ›Rheingold‹, in: ›Die Coulisse‹, Wien, 20. Februar 1878.)

Algebra. »Nach dem Fiasko des ›Lohengrin‹ in Mailand schrieb der ›Pirat‹: Es ist keine Musik für Italien; solche *algebraische Harmonien* können höchstens in Deutschland und auch nur in Deutschland reüssieren. Hier will man Melodie und Gesang, keine deklamierenden Sänger.« (›Echo‹, 9. April 1873.)

Alliterationsgeklapper. »Dieses holperige *Alliterationsgeklapper*, unvermeidlich durch den Buchstabenzwang, soll das Muster sein, nach welchem von nun an und in die Zukunft hinein die Sprache des Dramas gehandhabt werden müsse.« (J. C. Lobe: ›Richard Wagner als Dichter‹ in: ›Konsonanzen und Dissonanzen‹, 1869.)

Alliterationsgestotter. »Diese Nürnberger Handwerker mit ihren einfachen, kleinbürgerlichen Erlebnissen und hausbackenen Knüttelversen sind uns doch entschieden lieber als die schwindelhafte Verzückung und das bombastische *Alliterationsgestotter* im Tristan oder Rheingold.« (Ed. Hanslick: ›Richard Wagners Meistersinger‹, 1870.)

Alpenklubist. »Den Wanderer, unter dem Gott Wotan zu verstehen ist, singt Herr Reichmann recht anständig; daß der göttliche Tourist mit dem als Speer geformten Alpstock auch hier nur als *Alpenklubist* und nicht als Gott bedeutend ist, das liegt in den mythologisch-musikalischen Verhältnissen der Rolle, gegen welche selbst ganz andere Mittel vergebens kämpfen würden.« (Wiener ›Fremdenblatt‹, 21. August 1878. Originalbericht über die Münchener Aufführung des ›Siegfried‹ am 18. Aug. 1878.)

Amalgam. »Herr Betz verdient für seinen Hans Sachs um so größeres Lob, als die darauf verwendete unsägliche Mühe sich nicht lohnt und die Partie durchaus undankbar ist. Sachs hat zahlreiche Monologe und Dialoge, mit welchen er die Zuhörer unaussprechlich langweilt. Nicht die Schöpfung eines echten Musikgenies haben wir kennen gelernt, sondern die Arbeit eines geistreichen Grüblers, welcher, ein schillerndes *Amalgam* von Halbpoet und Halbmusiker, sich aus der Spezialität seines in der Hauptsache lückenhaften, in Nebendingen blendenden Talents ein neues System geschaffen hat, ein System, das in seinen Grundsätzen irrig, in seiner konsequenten Durchführung unschön und unmusikalisch ist. Wir zählen die ›Meistersinger‹ zu den interessanten musikalischen Ausnahms- oder Krankheitserscheinungen.« (Ed. Hanslick, ›Neue Freie Presse‹, Juni 1868, über die erste Aufführung der ›Meistersinger‹ in München.)

Anhänger. Schmäht die Welt den Propheten, dann werden auch die *Anhänger* desselben unglimpflich behandelt. In den fünfziger Jahren hörte man den Vorwurf: die neue Richtung entstamme dem (verruchten) Jahre 1848. Man sprach von Atheismus, sittlicher Entartung und Umsturz. Die Freunde Wagners wurden als Atheisten, Entartete, Revolutionäre gebrandmarkt. Hans von Bronsart bemerkt in der Nachschrift zu seinen ›Musikalischen Pflichten‹ 1858, S. 37: »Wir sind immer als Pygmäen, Barbaren, Vandalen, Sarazenen, Normannen, Hokuspokus- und Skandalmacher, Querköpfe, tönende Götzen, Rand- und Bandlose, Lohnpfotenhauer, gefährliche Leute usw. usw. betitelt und natürlich der völligen Gesetzlosigkeit, der maßlosen Überschwänglichkeit, dem grobsinnigen Taumel, hohlem Scheinwesen, barockem Ungeschmack, flachem Kokettieren, frechem Lärmen usw. überantwortet.« Auf S. 12 derselben Broschüre heißt es: »Gehören Bemerkungen wie Vandalen, Pygmäen, Scharlatane, Dulcamara, Barbaren, kleine blinde Leute usw. usw. nicht zu den Schmähungen der Böswilligkeit?« Am 1. April 1861 teilte P. Scudo in der ›Revue des deux mondes‹ seine Ansicht über die Wagnerpartei mit, sie lautet höchst despektierlich: »M. Wagner et ses partisans, qui sont pour la plupart des écrivains médiocres, des peintres, des sculpteurs sans talent, des quasi-poètes, des avocats, des démocrates, des républicains suspects, des esprits faux, des femmes sans goût etc.« Literarische Lakaien nannte Gumprecht die federführenden Wagnerianer, das ›Echo‹ gebrauchte den Ausdruck: Wölfe der neudeutschen Schule, von einer »gemeinen Bande« sprach der Berliner Musikdirektor X. vor seinem Chore. Unter dem Sammelnamen ridicula plebs stellte Kalbeck als Wagnerianer an den Pranger: »Frömmelnde Atheisten, Scholastiker der Erfahrungswissenschaft, unzüchtige Moralisten, dünkelhafte Dilettanten und Kunstpfuscher, Fanatiker des Realismus, Historiker und Altertumsfreunde, der allgemeine Bildungspöbel, der Janhagel der modernen Sozietät« usw. (Ob er sich etwas dabei gedacht haben mag?)

Es ist amüsant, eine Liste der Schmeichelnamen aufzustellen:

Dumme und grüne Jungen, Irrlichter, Troßbuben, Narren, Fexe, Trottl, Myrmidonen, entnervte Korybanten, Nachblöker, Mamelucken, Kammerknechte, phantasielose Köpfe, Schwachköpfe, dumme Köpfe, dicke Köpfe, Schafsköpfe, vierzöllige Patentschädel, Trabanten, Lakaien, Kärrner, Lohnschreiber, Konfusionsräte, Fanatiker, Bonzen, Zeloten, moderne Hussiten, klägliche Exaltados, Hängegendarmen, Schweifwedler, Maulaufreißer, Schreier, Reklameschmiede, Modehelden, Claqueure, Phrasendrescher, Schildknappen, Leibpagen. Die Wagnerianerinnen sind einfach »hysterisch oder hysterische Mänaden«. Hat man den Meister gescholten, verhöhnt, geschmäht, warum sollen es die Jünger besser haben? So dachte auch Professor Hermann Kretzschmar Anno 1897, setzte sich zurecht und schrieb in einem Artikel über Hugo Wolf unverzagt: »Für Hugo Wolf sind in mehreren Orten besondere Vereine gegründet worden, die Wagnerianer haben sich seiner besonders angenommen und ihn vielleicht (das ist vorsichtig!), wie sie nun einmal bekannt sind, als Leute mit den besten Absichten (ei wie gütig!), aber im Durchschnitt (ach wie lieb!) erstaunlich unwissend und urteilslos (o wie nett!) mit ihrem Eifer diskreditiert.« (Das ist der Dank!) Nach der Schätzung eines Schnellrechners sind 99 Prozent der Wagnerianer total unmusikalisch!

Anrüchig. Joachim lehnte 1870 die Einladung des Wiener Beethoven-Festkomitees ab, weil R. Wagner ebenfalls aufgefordert worden war. ›Echo‹ macht dazu folgende Bemerkung: »Das unbestrittene Recht eines Privatmannes, Gesellschaften mit *anrüchigen* Elementen zu vermeiden, wird doch einem Künstler am allerwenigsten verwehrt werden dürfen.«

Antichrist. »Diese unverlierbaren ewigen Güter der Menschheit und unumstößlichen Zeugnisse des ihr eingeborenen idealen Schönheitssinnes (Mozarts Opern, Beethovens Symphonien, Goethes Lyrik, Rafaels Madonnenbilder und Shakespeares Tragödien) besitzen die höchste reinigende Kraft. Wer sie zur rechten Stunde an sich erprobt, wird, er sei so stark angewagnert als er wolle, gefeit sein gegen alle ferneren Versuchungen des dämonischen Genies. Wagner, der leibhaftige *Antichrist* der Kunst, kennt und fürchtet jene gewaltigen Gegner. Er ist klug genug, an ihrer unantastbaren Höhe sich nicht vergebens zu vergreifen.« (Max Kalbeck: ›Zur Wagnerfrage.‹ ›Wiener Allgemeine Zeitung‹ vom 28. April 1880.)

Aprilfisch. »Man bezahlte an diesem merkwürdigen ersten April* Billets zum dritten Range mit fünf und zu distinguierten Plätzen des Hauses mit 35 Talern Preußisch Courant. Nie ward ein *Aprilfisch* besser bezahlt, aber: mundus vult decipi!« (H. Truhn, Rezension im ›Neuen Theater-Diener‹ vom 10. April 1870.) Im ›Sporn‹, Zentralorgan für Turf und Sport, referierte derselbe Kritiker in gleicher Weise; dem Aprilfisch folgte der Zusatz: »ein wahrer Leviathan!«

Aquarium. Die Leipziger ›Tonhalle‹ brachte 1869 einen Bericht aus München über die ersten Aufführungen des ›Rheingold‹, darin befand sich folgende Stelle: »In der Einleitung und der darauffolgenden Wassermusik – der sogenannten *Aquariums*szene – wird der Hörer verhältnismäßig am meisten befriedigt.« Wilhelm Mohr schreibt 1876 über die erste Szene des ›Rheingold‹: »Im übrigen ist die Szene ohne besondere Erschütterungen vorübergegangen; wir haben ein hübsches *Aquarium* gesehen, haben sanfte, malende Musik dazu vernommen« usw.

Arena. »Die Wagnersche Oper führt in die *Arena*. Sie fordert mit allen daranhängenden Nebenumständen, als: Judenfresse-

* Am 1. April 1870 fand die erste Meistersingeraufführung in Berlin statt.

rei, Dirigentenvernichtung, Cosima, Wagalaweia, krankhafte Eitelkeit usw. die Satire geradezu heraus.« (›Echo‹, Berlin, 27. April 1870.)

Arm. »Wagner steht nun einmal außer oder unter aller Kritik, und kein Vorwurf alteriert ihn, und er, der so *arm* an Ideen ist, wie kein Komponist vor ihm, bleibt bei seiner Einbildung und Behauptung, er liefere nur Neues und Uner- oder -gehörtes.« (›Richard Wagner und Jakob Offenbach‹, Altona 1871.)

Attentat. »Das tollste *Attentat* auf Kunst, Geschmack, Musik und Poesie, welches je dagewesen, ist die Keilerei in den ›Meistersingern‹.« (Ferdinand Hiller, 1870.)

Aufgedonnert. »An derselben Stelle, wo früher jahraus, jahrein des großen Heimatlichen (Jean Paul) schlichte Lithographie zu den Blicken der Vorübergehenden herzlich sprach, befand sich einzig und allein die beinahe lebensgroße Photographie des eitlen, mit allen Schneiderkünsten *aufgedonnerten* neuen Ehrenbürgers von Bayreuth.« (Martin Greif: ›Richard Wagner und Bayreuth.‹ ›Neue Freie Presse‹, März 1874.)

Aufgedunsenheit. »Die Meistersinger sollen, wie wir vernehmen, eine komische Oper sein; dieses Vorspiel aber mit seiner *Aufgedunsenheit* läßt in der Tat keinen günstigen Schluß auf die Fähigkeit Wagners zur komischen Oper ziehen.« (›Signale‹ vom 6. November 1862. Rezension über Weißheimers Konzert in Leipzig am 1. November 1862. Erste Aufführung des Meistersingervorspiels unter des Komponisten Leitung.)

Aufnageln. »Das *Aufnageln* (!) eines Charakters (!) auf ein dürftiges Leitmotiv macht aus der Person eine Puppe und ist weiter nichts als die Remplacierung eines Leben atmenden Antlitzes durch eine tote Maske.« (Emil Naumann: ›Musikdrama oder Oper; eine Beleuchtung der Bayreuther Bühnenfestspiele‹, 1876.)

Ausgefüttert. »Wagner läßt seine Halbgötter philosophieren und zu endlosen Wechselreden setzt er eine endlose, mit Motiven *ausgefütterte* Musik.« (›Echo‹, Nr. 39, 1876. Bericht eines Ungenannten über die Festspiele.)

Ausgemergelt. »Die Grazien, diese abgefeimten Spitzbübinnen, wissen sehr wohl, daß alles Vorhergehende nicht genügen konnte, um ein *ausgemergeltes* Liebespaar zu neuem Sinnesgenuß aufzurütteln; so predigen sie denn unverzagt den Dienst des

Gottes Priapus in lesbischen Liedern und sofort zeigt sich die Jungfrau Europa auf dem Rücken des mit Blumen geschmückten weißen Stieres« usw. (H. Dorn über die neue [umgearbeitete] Szene des Venusberges, 1876.)

Ausschank. »Außer dem konzessionierten *Ausschank* von Spirituosen (Akt 1, Szene 2) haben wir auch diesmal in dem Drama keine weitere Handlung bemerkt.« (›Berliner Montagszeitung‹, 4. Dezember 1876. Bericht über die Wiederaufführungen von ›Tristan und Isolde‹.)

B

Babau. Der Italiener Zuliani schilderte in seiner Schrift ›Il Lohengrin di Riccardo Wagner‹, Roma 1880, Richard Wagner in folgender Weise: »nemico della melodia, ricercatore dello strano, corruttore dell' arte, eccentrico per natura, – – – infine il gran *babau.*«

Bandit. Eine Umfrage in Paris (1896), ob man Richard Wagner ein Denkmal errichten solle, brachte Déroulède ganz außer Fassung. Er antwortete: »Ein Denkmal diesem *Banditen*? Niemals, im Namen des Patriotismus!«

Bandwurm. »Die zwei ersten Szenen des zweiten Aktes (Walküre) gehören zu den härtesten Zumutungen, die je einem Theaterpublikum gestellt wurden. Wie ein *Bandwurm* hängen sie an den Nerven unseres Gehirns, mit jedem Takt uns neuer Not preisgebend.« (H. W. Schletterer, ›Rich. Wagners Bühnenfestspiel‹, 1876.) Bandwürmer im Gehirn, – eine neue, furchtbare Krankheit!

Bastard. »In Berlin wuchert üppig die ohrenquälende Musik von Bayreuth. – Wo sich die sogenannte Musik von Bayreuth, *Bastard* von Ton und Wort, einbürgert, ist die Musikbegabung von vornherein negiert.« (Silvester Frey in: ›Mehr Licht‹, 1879, Nr. 31, 3. Mai.)

Bazar. Für den *Bazar* zugunsten des Wagnertheaters in Bayreuth sind uns die nachfolgenden Gegenstände zugegangen, welche wir an die Haupt-Almosenempfangsstelle demnächst abliefern werden:

1. Zigarrentasche aus gesprengten Trommelfellen.

2. Klavierauszug aus der Oper ›Cosima fan tutti‹ von Hans v. Bülow. Bearbeitet vom Kollektanten.

3. Posaunistenbruchband mit dem aufgedruckten Finale des zweiten Aktes der ›Meistersinger‹.

4. Eine Garnitur Gehörwattons für ›Walkyren‹-Besucher etc. (›Berliner Montagszeitung‹, 1874, 4. Mai.)

Beelzebub. Die ›Allgemeine musikalische Zeitung‹ enthält in der Nr. 13 des Jahrganges 1878 einen Artikel von L. von St. in München: ›Opern- und Konzertaufführungen in Paris gegen Ende des Jahres 1877‹. Anknüpfend an eine Rezension der ›Indépendance belge‹ über ›Samson und Dalila‹ von Saint-Saëns, in welcher es am Schlusse heißt: »Man darf den Autor der Dalila unter die aufgeklärten und freien Schüler von Liszt und Wagner klassifizieren, keineswegs aber unter das servum pecus der Nachahmer«, bemerkt der ungenannte Verfasser: »Großer Gott! Nun sind wir im klaren. Unter dem Patronat von Liszt und Wagner in der Opéra erscheinen, ist gerade, als wenn man sich vor dem heiligen Petrus, welcher die Pforten des Paradieses bewacht, unter der Eskorte *Beelzebubs* und seines ersten Ministers präsentieren wollte.«

Bei-Reuter. »Die andere (Musik-)Zeitung wird durch einen der ausgesprochensten *Bei-Reuter** redigiert, der zwar auch einigermaßen ein Wüterich ist, besonders wo es gilt, mit Keulen auf die Ungläubigen drein zu schlagen, übrigens ein Mann von vielem Wissen und einer unserer besten Witzköpfe.« (›Grenzboten‹, 1880, Nr. 9, Artikel ›Über unsere Musikzeitungen‹.)

Berserker. »Zurückgewendet zum Auditorium bot sich ein merkwürdiges Gesamtbild aller Abstufungen menschlicher Begeisterung, von dem Wonnegebrüll des haarbuschigen, zukunftsgläubigen, streitenden *Berserkers* bis zum verklärt lächelnden Hinschmachten beseligter Bekennerinnen.« (L. Pietsch, Mai 1871, über das von Wagner am 5. Mai 1871 im Berliner Opernhause dirigierte Konzert.)

Berüchtigt. »Nach dem Erscheinen der Schrift (›Das Judentum in der Musik‹) erwarten wir mit Bestimmtheit, binnen kurzem zu vernehmen, daß der *berüchtigte* Autor derselben in ein Irrenhaus gesperrt sei, eine Vermutung, die dem christ-

* Ich redigierte damals die ›Allgemeine Deutsche Musikzeitung‹. W. T.

lichen, aber vielleicht stark verjüdeten Unterzeichneten bereits beim Durchlesen von Wagners letzten Operntexten aufgestoßen ist.« (Richard Wüerst im Berliner ›Fremdenblatt‹, 1869.) – In der Rezension Hanslicks über ein neues Violinkonzert von Goldmarck heißt es: »Der erste Satz scheint durch sein im wuchtigen Unisono auftretendes Thema (das auffallend an R. Wagners *berüchtigten* Kaisermarsch erinnert) ein heroisches Stück zu verkünden.« (›Neue Freie Presse‹, November 1878.)

Bettel. »Dem Kaisermarsche von Rich. Wagner sah das Publikum mit vieler Spannung entgegen. Das deutsche Kaisertum ist ja noch neu und interessant, auch wenn es musikalisch illustriert oder gar parodiert wird. Wir wollen nicht sagen, daß Wagner das letztere beabsichtigt habe, aber die Musik macht den Eindruck, als ob der Komponist mit dem ernstesten Gesichte von der Welt ganz kompromittierende Dinge von dem Gegenstande seiner Huldigung ausplaudere. Es ist mit dem musikalischen wie mit dem poetischen Hofstaate des neuen Reiches noch nicht weit her. Aber wenn Richard Wagner sich zu neuer musikalischer Glorifikation des neu erstandenen Deutschen Reiches anschickt, so erwarten wir von ihm etwas mehr als eine musikalische Flickerei, die sich, bei Lichte besehen, als eitel *Bettel* ansieht.« (›Kölnische Zeitung‹ vom 7. Nov. 1871, Rezension über ein Gürzenichkonzert.)

Beutelschneiderei. »Dreißig Mark für eine Vorstellung zu fordern, war eine *Beutelschneiderei*; das, was man sah und hörte, war mit dem zehnten Teile dieses Betrages mehr als genug bezahlt.« (›Grenzboten‹ vom 19. Oktober 1882: ›Epilog zum Parsifal‹.)

Blech ist das vorherrschende Material der Schriften und Opern Wagners. In den ›Applausstudien‹, welche das ›Sonntagsblatt der Berliner Bürgerzeitung‹ vom 5. März 1876 enthielt, findet sich folgender Satz: »Was dem Fisch das Wasser und dem Vogel die Luft, dem Lappländer das Renntier und dem Araber das Kamel, der Türkei die Anleihen, dem Papste der Segen und Richard Wagner das *Blech*: das und noch mehr als das ist dem Schauspieler der Applaus.«

Blechschmied. Diesen Beinamen soll der Dresdener Hofrat Winkler (Th. Hell) dem Schöpfer des ›Tannhäuser‹ nach den ersten Aufführungen des Werkes (1845) gegeben haben. Die Hofkapelle (wenige Mitglieder ausgenommen) akzeptierte den

Spott- und Spitznamen, sie hieß, nach glaubhaften Überlieferungen, ihren genialen Führer nie anders als *Blechschmied.* Zu den wütigsten Gegnern gehörte der Cellist Schubert, ein Freund des bissigen Wagnerfeindes Schladebach.

Blendwerk. »Die Bilder, welche der Zauberspiegel in der Hand seines obersten Magus (Wagner) uns zeigt, sind den Einen welterlösende Offenbarungen, den Andern phantastisches *Blendwerk* der auf den höchsten Thron der Kunst erhobenen Sinnlichkeit.« (Gumprecht, 1875.)

Blödsinn. »Ihr kritischer *Blödsinn* erreicht seinen Zündgipfel, wenn Sie aufs Theater kommen und auf derselben Seite schreiben: ›Nie verirrt sich der Jude aber (ein Tertianer*, der richtig deutsch zu schreiben versteht, würde sagen: aber nie verirrt sich der Jude) auf die theatralische Laufbahn‹.« (E. M. Oettinger: ›Offenes Billet-doux an Richard Wagner‹, Dresden, 1869.)

An Ihn!
Blödsinn, du scheinst im Augenblicke wohl zu siegen!
Doch uns gehört die Zukunft, du wirst unterliegen!

Gluck. Haydn. Mozart. Beethoven. Weber. Mendelssohn.

(Inserat in der ›Vossischen Zeitung‹, 8. Mai 1881, bei Gelegenheit der Nibelungenaufführungen im Viktoriatheater.)

Blutegel. »Ein Stück von düsterer Pracht und großer Kraft ist der sogenannte Walkürenritt. Obwohl hier das Walkürenmotiv (g-dis-g) sich zuletzt wie ein *Blutegel* im Ohre festsaugt, und wir Gott herzlich bitten, uns vom übermäßigen G-Dreiklange endlich in Gnaden zu erlösen, freuen wir uns doch der nicht gerade schönen, aber mehrstimmigen Gesänge der Wunschmädchen.« (H. M. Schletterer: ›Richard Wagners Bühnenfestspiel‹, 1876.)

Blutrünstig. »Das Wiener Publikum hat dies *blutrünstige* Vorspiel zu einer ›komischen Oper‹ vor zwei Jahren im Original genossen und erinnert sich, was es damals hörend erlebte.« (Ed. Hanslick über Tausigs ›Arrangement des Meistersingervorspiels zu vier Händen‹.)

* Schon einige Seiten früher zitiert Oettinger den ›Tertianer‹ als Gewährsmann. Er gebraucht den Ausdruck »pro domo« und bemerkt dabei: Herr Wagner wird ersucht, sich das Mysterium dieser lateinischen Worte von einem christlichen Tertianer übersetzen zu lassen.

Bombastisch. »Richard Wagners große, tragische, *bombastische* Oper ›Rienzi‹, dieses Opernmonstrum! Der musikalische Wert der Partitur ist gleich null und steht tief unter den Bellinischen Kunstleistungen. Daß sich ein so geistloses Produkt noch auf der Bühne zu erhalten vermag, ist ein trauriges Zeichen der Geschmacksverirrung der Gegenwart.« (›Echo‹, 1871, Nr. 22.)

Böotierohren. »Am 5. Juni soll Michael Beers Trauerspiel ›Struensee‹ mit der genialen Musik Meyerbeers in Szene gehen. Die wahren Musikfreunde, deren es ja hier (in Leipzig) Gottlieb* genug gibt, wenn auch die genugsam bekannte schreibwütige Partei das große Wort führt und alles tut, Leipzig in Verruf zu bringen, werden sich ihren Genuß durch die Ausfälle der Clique mit den *Böotierohren* nicht verkümmern lassen.« (›Echo‹, 1871, Nr. 23. Notiz aus Leipzig.)

Bratschenstimme. Heinrich Dorn gebraucht diesen Ausdruck in seiner Schrift: ›Aus meinem Leben‹ (1870 erschienen), um die angebliche Reizlosigkeit Wagnerscher Gesangspartien zu charakterisieren. Er erzählt zunächst: »Im Spätsommer 1865 traf ich auf der Brühlschen Terrasse in Dresden einen bekannten norddeutschen Tenoristen. Er war eben von München zurückgekehrt und ich fragte ihn deshalb, ob er sich nunmehr mit dem Studium des Tristan beschäftigen würde. Ganz entrüstet antwortete er mir: ›Muten Sie mir zu, eine *Bratschenstimme* auswendig zu lernen?‹« An einer andern Stelle heißt es in bezug auf die am 10. Juni 1865 in München glücklich zustande gekommene Première des ›Tristan‹ und die erste Brangäne: »Fräulein Deinet muß eine durch und durch musikalische Person sein, denn nur als solche konnte sie ihre sehr schwierige *Bratschenstimme (Viola seconda)* mit so großer Sicherheit ausführen.«

Breitspurig. »Das *breitspurige* Hin- und Widerreden, jenes Rezitieren, dessen Einführung wir Wagner zu verdanken haben, wo Apoll auf einem Bauernwagen durch die trostlosesten Sandwege karrt.« (Lienau im ›Echo‹, 1872, Nr. 16.)

Bretterzaun. »Meyerbeer vereinigte die deutsche Wahrheit im Ausdruck mit der italienischen Kantabilität und mit der französischen Anmut und Leichtigkeit. Dies ist eine schwierige, für

* Wahrscheinlich ein Druckfehler; ich trage jedoch Bedenken, ihn zu verbessern. Vielleicht soll's gar ein Witz sein! Der Sammler.

diejenigen, welche nicht über den *Bretterzaun* der Nationalität hinwegzusehen vermögen, unlösliche Aufgabe.« (›Echo‹, 1875.)

Brüllton. »Den Fafner rechnen wir eigentlich nicht mehr zu einer musikalischen Rolle, dennoch sei erwähnt, daß Herr Reß den *Brüllton* nach Möglichkeit traf.« (›Signale‹, 1878, Nr. 47. Bericht über die Leipziger Aufführung des ›Siegfried‹.)

Brutal. Der Pariser Schriftsteller Szarvady tadelte 1861 die *brutal* klingenden Effekte, welche er im ›Tannhäuser‹ entdeckt hatte. Neun Jahre später, nach der ersten Aufführung der Meistersinger in Berlin, galt der Ausdruck *brutal* dem zweiten Finale. »Um solche Musik zu bezeichnen, gibt es nur einen Ausdruck: sie ist *brutal* und verdiente die Behandlung, welche sie allerorten erfahren hat.« (H. Dorn.) – »Der Realismus, mit dem das wirre Gekreisch eines fessellos dahinstürmenden Volkshaufens dargestellt wird, übersteigt jede Vorstellung. Für derartige Musik gibt es unsers Erachtens nur eine einzige Bezeichnung: *brutal.*« (J. Kastan.) – »Die musikalische Häßlichkeit Beckmessers und die *Brutalität* der Prügelszene können einem halbwegs gebildeten Menschen gegenüber nicht bestehen.« (Rich. Wüerst.) – »Um, ganz wie im Tannhäuser, einem Ritter durch Volkskonkurrenz zu einer Gattin zu verhelfen, muß man $4^1/_2$ Stunde lang eine so ungeheure Masse von nichtssagenden Reden und Repliken, trockenen Auseinandersetzungen und pedantischen Belehrungen, *brutalen* Prügeleien, knotigen Witzen und Wortspielereien, zu einer vorwiegend schwülstigen, melodielosen Musik ertragen, daß einem Engel von Geduld bereits am Schluß des 2. Aktes Hören und Sehen vergangen sein muß.« (H. Truhn.)

Bude. Über die erste Rheingold-Aufführung in Wien (24. Januar 1878) berichtete Speidel: »Durch die Prätorianer Wagners war der Erfolg natürlich schon im voraus entschieden. Im großen und ganzen genommen ist die Bayreuther Aufführung durch die Wiener Darstellung gänzlich ausgelöscht, und jedenfalls langweilt man sich in unserm schönen Hause bequemer als in jener *Bude* auf dem Wagnerhügel, in welcher die Bayreuther ›Tat‹ getan worden.«

Buß- und Fasttage. »Eine Musteraufführung von ›Lohengrin‹ haben wir demnächst im Opernhause zu erwarten und da in die Schätzung dieses Musikdramas selbst diejenigen freudig einstimmen, die sich mit den musikalischen *Buß- und Fasttagen* der Tetralogie nie und nimmermehr befreunden können, so dürfte dieser Opernabend ein ganz einmütiges Interesse erregen.« (Oskar Blumenthal im ›Berliner Tageblatt‹ vom 28. Mai 1881.)

C

Cagliostro und Heliogabal. »Wie ist der *Cagliostro* der Tagesmusik so empor gekommen? Gewiß teilweise durch sein Talent. Am meisten aber durch die Konsequenz, mit der er selbst, ipse, ipsissimus, seine Werke für Meisterwerke erklärte. Man rief Zetermordio über den Dünkel, der so sich in die Brust werfen konnte, man warf mit Steinen auf den, der so sich selbst vergötterte; aber der musikalische *Heliogabal* blieb dabei, sich den größten Namen aller Jahrhunderte beizugesellen. Die Methode hatte Erfolg. Man lachte anfangs, wütete, und – jetzt gibt man die Hauptsache zu.« (Karl Gutzkow, ›Neue Freie Presse‹ vom 2. Juli 1873.) – »Ist dieser Richard Wagner nicht ein Dämon, der alles aufkeimende Leben vergiftet? Weil er keine Melodien erfinden kann, verbietet er die Melodie überhaupt und die Komponisten sind so dumm und kehren sich daran. Mit Gewalt verstopfen sie den frischen musikalischen Born, der in ihnen sprudelt, und ruhen nicht eher, bis sie so dürr und trocken schreiben, wie der freche *Cagliostro* von Bayreuth, der mit seinem Operngründungsschwindel die größten Scharlatane aller Zeiten in Schatten stellt. Armer Brüll! Der Anfang (›Das goldene Kreuz‹) war so gut!« (Franz Hille über Brülls zweite Oper: ›Der Landfriede‹. ›Wiener Sonn- und Feiertagszeitung‹, 7. Oktober 1877.)

Cancan. »Sehen Sie, das ist, wie wenn ich ›Tristan und Isolde‹ höre – ewiges Schmachten, Girren, Sehnen und Seufzen – vier, fünf Stunden lang, nie Ausruhen, Befriedigung, nie reine Auflösung der Dissonanzen, dabei ein Taumel der Verzückung in allen Instrumenten, daß uns schließlich, wie in einem verliebten Traume, Hören und Sehen vergeht und wir vor ewiger Sehnsucht, unendlicher Melodie und vollständiger Langeweile aus der Haut fahren möchten. Das ist das Geheimnis des Erfolges, den dieser große Mann davongetragen: die bis zur höchsten Erschöpfung gesteigerte Aufregung, welche die armen groben Sinne immer an der Nase herumführt, den Appetit beständig reizt, ohne ihn auf die gemeine Weise zu befriedigen, eine Art pathetischer *Cancan*, eine musikalische Haschisch-Benebelung.« (Paul Heyse: Roman ›Die Kinder der Welt‹. Urteil des Kavallerieoffiziers über Wagners Musik.)

Chaos. »Es würde schwer sein, eine erschöpfende Vorstellung von den Mühen, der Geduld, der inneren Überzeugungskraft zu geben, welche Liszt besaß und anwandte, um eine möglichst befriedigende Ausführung jenes *Chaos* von kombinierten Klangwirkungen zu erreichen, welche Wagners ›Lohengrin‹ darbietet. Aber Liszt brachte nicht nur gute Aufführungen von Tannhäuser und Lohengrin zustande, er bildete auch eine Partei für die so seltsamen Dramen.« (Fétis: ›Biographie universelle‹, 2. Aufl., 1863; Artikel ›Liszt‹.) – »Reissiger mußte den ersten Anprall dessen aushalten, was wir später als ›Musik der Zukunft‹ mit ihren Prätensionen haben kennen lernen. Das *Chaos* von Ideen, das jetzt jene Bretter in Bayreuth aufschlägt, um die in Musiküberschwemmung versetzten Lehrbücher der nordischen Mythologie genießbar zu machen, stürmte in seinem ersten vulkanischen Brodeln und Sprühen unmittelbar auf diesen wackern, in seinen Formen immer liebenswürdigen Biedermann ein.« (K. Gutzkow: ›Rückblick auf mein Leben‹, 1875.) – »Aber das Vorspiel und der Schlußsatz aus Tristan und Isolde erschien meinem Ohr als nichts denn ein wüstes *Chaos* von Tönen, es war, als sei eine Bombe in ein großes musikalisches Werk gefahren, habe alle Noten über- und untereinander geworfen, und nun spiele das Orchester die Unordnung gewissenhaft ab.« (J. Stettenheim: ›Ein Wagnerabend.‹ Bericht über das Wagnerkonzert in Berlin, 1873. ›Tribüne‹, 6. Februar 1873.) – »Zum Ende aller Musik sind wir hier gelangt, denn unmittelbar vor uns liegt das *Chaos*.« (O. Gumprecht, Rezension der Meistersinger; ›National-Zeitung‹, Berlin, 1870.)

Charivari. »In dem Ton-*Charivari* der Meistersingerouverture stehen wir wahre Pein aus.« (A. W. Ambros, Wiener ›Presse‹, 1870.)

Choleramünze. »Wie boshafte Leute sagen, wird die Medaille wie eine *Choleramünze* als Amulett auf dem bloßen Leibe getragen und schützt gegen reaktionäre Anfälle klassischer Musik, Bescheidenheit und gesunden Menschenverstand, Krankheiten, welche in letzter Zeit bei einigen Wagnerianern vereinzelt aufgetreten sein sollen.« (›Schlesische Zeitung‹ vom

25. August 1877, überflüssige Glossen, betreffend die Medaille, welche Rich. Wagner in dankbarer Erinnerung an die Aufführungen in Bayreuth für »seine Festspielgenossen« hatte prägen lassen.)

Christian und Isolde. »Ist der Unteroffizier Müller denn sehr in seine Braut verliebt?« – »Ick sage, die beiden sind wie *Christian und Isolde.*« – (›Lustige Blätter‹, Berlin, im März 1897.)

Chute. Am 21. August 1876 – während des 2. Zyklus der ersten Bayreuther Festspiele – weissagte Albert Wolff im Pariser ›Figaro‹: »Ces fêtes de Bayreuth qui devaient placer Wagner sur le nuage delaissé de feu Jupiter, ces fêtes sont le commencement de sa *chute.*«

Cliquengötze. »Schlecht steht es dem unduldsamen, rachesüchtigen, verbitterten *Cliquengötzen* an, aus seiner bodenlos verheidnischten Existenz heraus der ganzen Christenheit ins Gesicht zu schleudern, daß sie Christus nicht im Herzen habe!« (Max Goldstein: ›Wagner gegen die Menschheit in seiner Schrift Religion und Kunst‹. Nr. 3 der ›Musik-Welt‹ vom 6. November 1880.)

Commensal servile. Ende 1871 nahm Pasdeloup in Paris seine populären Konzerte wieder auf. Er wollte ein Stück von Wagner ins Programm setzen, das Orchester sträubte sich energisch dagegen. Darauf bezieht sich ein Artikel in Arthur Pougins ›Revue de la musique‹, 4. November 1876, in welchem folgender Satz vorkommt: »Depuis lors, l'effervescence s'est un peu calmée, et certains morceaux déjà connus du musicien saxon, condamné à mort en 1848 pour faits politiques et devenu depuis lors le *commensal servile* du roi de Bavière, ont pu être inscrits sans trop d'encombre sur les programmes des Concerts populaires.«

Conte bleu. »En un mot, le Tannhäuser est un *conte bleu* mal disposé pour la scène, sans action, sans caractères et sans intérêt, un thème banal et enfantin.« (P. Scudo in der ›Revue des deux mondes‹, Paris 1861, Nr. 17.)

D

Dalai Lama. »Wagners Unglück ist, daß er sich nicht nur für den *Dalai Lama* selbst hält, sondern auch für Dalai Lamas Oberpriester in einer Person, und daher jedes seiner Exkremente für den Ausfluß seiner göttlichen Eingebung.« (H. Dorn, 1865.)

Décadent. »Richard Wagner, scheinbar der Siegreichste, in Wahrheit ein morsch gewordener, verzweifelnder *décadent*, sank plötzlich, hilflos und zerbrochen, vor dem christlichen Kreuze nieder ... Hat denn kein Deutscher für dies schauerliche Schauspiel damals Augen im Kopfe gehabt?« (Friedrich Nietzsche über den ›Parsifal‹, 1886.)

Dekorativ. »Wagner ist weder ein großer Dichter noch ein großer Musiker, sondern nur ein *dekoratives* Genie.« (Ed. Hanslick, 1858.)

Delirium. »Gegen die überwiegend neudeutschen Programme des Orchesterchefs Thomas beginnen im Publikum sich Demonstrationen geltend zu machen. Möchte doch Herr Thomas lernen, daß die echte Musik das Herz treffen, es aber nicht durch wüsten Instrumentallärm betäuben soll, und daß das amerikanische Volk sich eher mit den Delikatessen italienischen Geistes als mit der vom *Delirium* durchwehten Wagnerschen Musik befaßt.« (›Echo‹, 1873, Nr. 31, Bericht aus New-York.) – »In ›Tristan und Isolde‹ hat Wagner offenbar sein musikalisches Wollen bis aufs äußerste gespannt, und der musikalische Ausdruck dieses Werkes ist von einer solchen Geschraubtheit und Unnatur, daß man sich nur mit Entsetzen an den Eindruck erinnert, den man schon von den ersten Seiten empfängt. Jeder Akkord soll etwas Besonderes bedeuten, und die Sinne schwindeln uns bei den Ungeheuerlichkeiten, denen man auf jeder Seite, ja fast in jedem Takte begegnet. Hier mündet Wagner im *Delirium*.« (C. v. Bruyck in der Wiener ›Deutschen Musikzeitung‹, 1861, Nr. 22.)

Deliriumsmusik. »Das Wagnersche Stück – bekanntlich für die Pariser Tannhäuseraufführung und mit Verwendung der ursprünglichen Venusbergmotive komponiert – würde uns wahrscheinlich auch bei einer viel besseren Exekutierung keine Freude gemacht haben. Uns fehlt nun einmal das Organ für solche *Deliriumsmusik*.« (›Signale‹, 1876, Nr. 65, ›Über das Bacchanale im Tannhäuser‹.)

Delirium tremens. »Die Tannhäuserouverture zerfällt in zwei scharf gesonderte Teile; der erste ist schön, der zweite ein überhohes Charivari, in welchem die Violinen das *Delirium tremens* zu haben scheinen, man kann sich das Accompagnement zum Veitstanz dabei denken.« (St. Victor, Paris 1861, in der ›Presse‹.)

Demi-monde. »Dieser Gedanke wäre ein recht guter, wenn nicht die Nixen mehr badenden *Demimonde*damen als Gestalten des Volksmärchens glichen. Die wahren Nixen haben einen tiefernsten, melancholischen, in der Liebe hingebenden Zug, sind nicht solche Schäkerinnen und Koketten wie die Wagalaweia-Chansonetten.« (Otto Henne-am-Rhyn, ›Frankfurter Zeitung‹, 1877, Nr. 30.) Dieses Weisheitsei legte Henne-am-Rhyn am 30. Januar 1877, vermutlich inspiriert durch W. Marrs ›Nachklänge aus Bayreuth‹, 1876 im Oktoberheft des ›Salon‹. Dort hieß es: »Endlich die drei Rheintöchter, die mythologische *demi-monde* mit Vorbehalt, Nixen, Nymphen.«

Destillateur. »In diesem skandinavischen Hagen lernen wir einen *Destillateur* feinster Güte kennen, welcher zweierlei Liköre braut und verschenkt, einen Vergessenheits- und einen Erinnerungsbenediktiner; dadurch sinkt nun der arme Siegfried zu einem ganz willenlosen Geschöpf herab, und seine gesamte menschliche Umgebung zeigt sich uns ebenso verworfen wie das schon früher aufgetretene Göttergesindel.« (H. Dorn: über den Nibelungenring in Berlin. ›Berliner Montagszeitung‹, 16. Mai 1881.)

Deutschtümler. »In einen *Deutschtümler* und echten Christen verwandelte sich der Demokrat Wagner.« (M. Gutmann, 1869.) – »Streifen Sie Ihr national-romantisch-*deutschtümelndes* Element ab, um es nicht mit Schopenhauer ›christlich-germanische Dummheit‹ zu nennen.« (Eduard Friedemann, 1869.)

Dilettant. Schon Mendelssohn erblickte in Richard Wagner nur einen geistreichen *Dilettanten.* Robert Schumann äußert sich in einem Briefe an Carl v. Bruyck, datiert 8. Mai 1853, über Wagners Opern: »Wagner ist, wenn ich mich kurz ausdrücken soll, kein guter Musiker, es fehlt ihm an Sinn für Form und Wohlklang.« »Die Musik, abgezogen von der Darstellung, ist gering, oft geradezu *dilettantisch*, gehaltlos und widerwärtig.« – Laube nannte 1868 die Dichtung der ›Meistersinger‹ »den Text eines *Dilettanten* voll grimmiger Ecken und

Härten«. In Otto Jahns Artikel über ›Tannhäuser‹ steht folgender Satz: »Wagner ist mit seinem vielseitigen Talent für Poesie, Musik, bildende Kunst etc. ein Repräsentant des auf unserer heutigen Bildung ruhenden *Dilettantismus*, wenn man diesen Ausdruck im allgemeinen nimmt.« – Im Jahre 1846 war Hanslick entzückt über den ›Fliegenden Holländer‹*, 13 Jahre später hielt er es für ersprießlicher, ins Lager der Feinde überzugehen: »Wo die Oper des schildernden Elements sich begibt, wo sie aufhört, ›Marine‹, und anfängt, ›Musik‹ zu werden, da stehen Wagners Blößen in hellem Licht: die Armut seiner Erfindung und das *Dilettantische* seiner Methode.« (Eduard Hanslick, 1859.)

Wagner wurde lange Zeit für keinen »richtigen Musiker« gehalten. Ein ›Kurbrief aus Wiesbaden‹, welchen die ›Signale‹ (1860, Nr. 32) veröffentlichen, drückt die damalige Stimmung so aus: »Man muß im ganzen und großen daran verzweifeln, daß Wagner je ein wahrer Musiker werde. Alles, was von absolut-musikalischer Potenz ausgehen muß, ist nun einmal seine Sache nicht und kann es nicht sein, da ihm die natürliche Anlage zum Musiker, das Nichtanzulernende schlechthin fehlt.«

Nach dem großen Konzerte, welches Wagner am 14. Dezember 1864 im Hoftheater zu München leitete, dessen Programm u. a. die Faustouvertüre, Stücke aus den ›Meistersingern‹, aus ›Tristan‹, ›Walküre‹ und ›Siegfried‹ enthielt, wurde in gegnerischen Kreisen die Parole neu ausgegeben: »Wagner ist mehr Poet als Musiker.« –

G. Engel rezensierte 1872 eine Aufführung der Cherubinischen ›Medea‹ in Berlin (›Vossische Zeitung‹, 1. November 1872), er erkennt bei dieser Gelegenheit die dramatische Einheit, die Gleichmäßigkeit der Farbe, die Konsequenz der Entwickelung in Wagners Opern an, macht aber zuvor die einschränkende Bemerkung: »So viel er auch gegen die musikalische Gestaltung im einzelnen sündigen, so viel ihm auch zu einem eigentlichen Musiker fehlen mag.«

Ad vocem »*Dilettant*« ist heute vieles nachzutragen. Heinrich Laube schrieb 1868 in der ›Neuen Freien Presse‹ über die Meistersinger u. a.: »Ich, der in der Oper nie ein Textbuch liest, – ich mußte jetzt lesen und lesen. Und was lesen?! Den Text eines *Dilettanten* voll grimmiger Ecken und Härten im Fibelton des spöttischen Wortes:

* Die Musik des ›Fliegenden Holländer‹ ist eine der poesiereichsten herzgewinnendsten Musiken der Neuzeit. (Ed. Hanslick, 1846.)

Hans Sachs war ein Schuh-
macher und Poet dazu.

Und dieser Fibelton ist so ernsthaft gemeint, wie das greise Gesicht eines Zwerges, der in jungen Jahren steht.« – In der Berliner ›National-Zeitung‹ referierte Gumprecht am 9. Januar 1877 über einen Vortrag Naumanns, dessen Thema ›Zukunftsmusik‹ war. In diesen Bericht sind Aussprüche Otto Ludwigs eingeflochten, deren Quelle ich nicht kenne. »Das Drama der Zukunft ist eine Ausgeburt des *Dilettantismus*, der mehrere Künste, aber keine gründlich zu treiben gelernt hat. Rich. Wagner hat die Geschicklichkeit nicht errungen, musikalische Gedanken musikalisch zu verarbeiten; um diesen Mangel nicht eingestehen zu müssen, leugnet er die Berechtigung der Symphonie. Aber auch die Oper braucht jene Kunst, wenn sie ein wahres Drama, d. h. Entwickelung ist. Das Kunstwerk der Zukunft ist nichts als ein ungeheurer Zopf der Gegenwart.« – Einige Stellen aus Rellstabs Schrift ›Über die Gestaltung der Oper seit Mozart‹ (1856) gehören hierher: »Richard Wagner steht als Dichter nur auf dem gebildeten *Dilettanten*standpunkte. Die Lösung irgend einer auf echtem künstlerischen Können, auf Beherrschung der Gestaltung beruhenden Aufgabe würde ihm, soweit er es bis jetzt bekundet, unmöglich sein. Die dichterische Handhabung des Tannhäuserstoffes verrät nur die *Dilettanten*hand.« – »Stellen wir ein Wagnersches Finale oder Vorspiel einem Mozartschen Finale, einer Beethovenschen Ouvertüre gegenüber, so erscheint uns das erstere doch nur als das Erzeugnis des allerdings bis zur höchsten Fähigkeit potenzierten *Dilettantismus*, jenes *Dilettantismus*, der an genialen Einfällen und Wendungen reich sein kann, der in den Mitteln des Ausdrucks – wie im Kolorit – selbst neue Bahnen aufzudecken vermag, dem aber, wo es ans eigentliche Schaffen geht, die Kraft des organischen Gestaltens fehlt. Wie Wagner in allen möglichen Dingen herum *dilettiert* hat, in der Politik, in der Philosophie, in der Ästhetik, so ist er auch in musikalischen Dingen nicht über diesen Standpunkt hinausgekommen.« (Adolf Mohr: ›Ein Wagnerkonzert in Köln‹, ›Kölnische Zeitung‹, 26. April 1873.)

Merkwürdigerweise haben sich auch nach den Bayreuther Aufführungen noch Leute gefunden, die in Wagner nur einen *Dilettanten* erblickten. So Ludwig Speidel; der schrieb am 27. Januar 1878 nach der ersten Rheingoldaufführung in Wien:

»Die Deutschen reißen sich so viel mit ihrer Kultur, sie brüsten sich mit ihren Leistungen auf den Feldern der Musik, der Dichtung, der Philosophie, aber ein Volk mit diesen großen geistigen Traditionen wirft alle seine teuren Errungenschaften freudigen Herzens weg, um sich einem Manne wie Richard Wagner gefangen zu geben, in welchem der *Dilettantismus* die höchste Meisterschaft errungen hat.« – In der ›Schlesischen Zeitung‹ versicherte Max Kalbeck am 24. Januar 1877: »Wer einen Beethoven, einen Goethe, einen Kant, einen Rafael, und wer die Werke der Alten zu verstehen und zu schätzen weiß, sollte der einen Richard Wagner nicht durchschauen und erklären können? Ein bei allem Bombast und Schwulst so leicht zu erfassendes *dilettantenhaftes* Gedicht z. B. wie der Text zur Nibelungentrilogie wird doch nicht mehr an verborgenem Tiefsinn enthalten, als seine geistreichsten Kommentatoren hineinzulegen vermögen?« (Der Schluß ist nicht ganz deutlich.) – Friedrich Nietzsche äußerte sich am 8. Oktober 1868 (?) brieflich: »Ich gebe Otto Jahn recht, insbesondere darin, daß er Wagner für den Repräsentanten eines modernen, alle Kunstinteressen in sich aufsaugenden und verdauenden *Dilettantismus* hält.«

Richard Wagner akzeptiert in launiger Weise die Bedenken der Herren vom Fach. Man findet in seinen ›Gesammelten Schriften‹ (Band V, S. 154 ff.) aus dem Jahre 1854 folgende Stellen: »Ich *dilettantischer* Musiker!« – »Ich Uneingeweihter in die Geheimnisse der eigentlichen, zünftigen Tonkunst!« Er nennt sich einen »armen *Dilettanten* und einseitigen Laien«. Winckelmann behauptete von sich: »Ich bin ein wildes Kraut, meinem eigenen Triebe überlassen aufgewachsen«, und Wagner dankt (1851) dem glücklichen Zufalle, nicht erzogen worden zu sein, im modernen Sinne nämlich. Aus einem Gespräch, welches ich 1873 mit dem Meister hatte, ist mir folgende Äußerung im Gedächtnis geblieben: »Sie dürfen nicht vergessen, ich bin kein gelernter Musiker!«

Dompfaffe. »Sie hassen, Sie verabscheuen die Juden. Aber warum hassen Sie sie? Doch einzig und allein nur deshalb, weil sie bessere Musik machen, wie Sie, weil sie mehr ursprüngliches Talent, mehr naturwüchsiges Genie und nebenbei leider auch mehr Geld als Sie, Herr Wagner, haben. Sie heißen Richard, sind aber darum keineswegs ein Löwenherz, wenn Sie auf die Juden und insbesondere auf die jüdischen Komponisten schimpfen, wie ein halb übergeschnappter *Dompfaff* und bloß darum, weil die jüdischen Opern in Deutschland und Frankreich, in England und Italien, ja in der ganzen Welt zehnmal glänzendere Erfolge davongetragen, als Ihre christlich-germanischen Tonschöpfungen.« (E. M. Oettinger: ›Offenes Billet-doux an Richard Wagner‹, Dresden, 1869.)

Don Quixote. »Ich habe (in Wien) die ›Walküre‹ gesehen; die Aufführung war ausgezeichnet. Das Orchester hat sich selbst übertroffen; die besten Sänger und Sängerinnen haben alles getan, was in ihren Kräften stand – und dennoch war es langweilig. Welch ein *Don Quixote* ist doch dieser Wagner! Er bietet alle seine Kräfte auf in der Jagd nach dem Unmöglichen, während ihm ein außerordentliches Talent zur Verfügung steht, kraft dessen er – wenn er sich ihm, das heißt seinen natürlichen Eigenschaften unterordnen wollte – ein ganzes Meer musikalischer Schönheit aus sich hervorzaubern könnte. Nach meiner Meinung ist Wagner im Grunde Symphoniker.« (Tschaikowsky, Brief an Frau v. Merk, datiert: Wien, 26. November 1877.) – In einem Artikel über Wagners Schrift: ›Das Judentum in der Musik‹, den Albert Hahn 1869 veröffentlichte (›Tonhalle‹, Nr. 27), heißt es: »Vergleichen wir die vier Entgegnungen, so sind die des Dr. B. und Oettingers in der gleichen Absicht geschrieben, Wagner zu bekämpfen. Es gehört eigentlich wenig Mut dazu, um gegen einen solchen *Wagner-Don-Quichote* mit Bohnenstange und Barbierbecken die Lanze zu ergreifen, denn der Sieg war unzweifelhaft.«

Dornenhecke. »Die Tannhäuserouvertüre ist eine *Dornenhecke*, welche durch bengalisches Feuer beleuchtet wird.« (›Allgemeine Zeitung‹, November 1853.)

Drachensaat. »Wie ein verzweifelter Schwimmer kämpft Brüll gegen die hochgehenden Wogen der Zukunftsmusik an, aber sie benetzten ihn doch. Auf seinem von Lortzing und Kreutzer gepflegten (gepflügten?) Acker droht mehr als einmal die *Drachensaat* der Meistersinger aufzugehen.« (›Berliner Montagszeitung‹ vom 22. Oktober 1877; Rezension über Brülls Oper: ›Der Landfriede‹.)

Dreck. In Berlin, dem Sitze der Intelligenz, wurde 1857 folgender Witz erzählt und auf den Schöpfer des ›Tannhäuser‹ angewendet: In einer kleinen Stadt war viel Schnee gefallen; der Magistrat faßte den Entschluß, die Beseitigung der Kalamität dem Mindestfordernden zu überlassen. »Ich schaffe den Schnee umsonst weg!« mit diesen Worten meldete sich der verlumpteste Bewohner des Ortes. »Wie so?« fragte der Bürgermeister. »Warten Sie nur bis Pfingsten, dann geht er als – *Dreck* fort.«

E

Ehebruch unter Pauken und Trompeten. In München wurde Tristan zuerst am 10. Juni 1865 gegeben. Am 23. Mai brachte der ›Volksbote‹, ein dominierendes Oppositionsblatt, folgenden Artikel: »Nächsten Freitag soll der *Ehebruch unter Pauken und Trompeten* mit vollständiger ›Zukunftsmusik‹ übers Hof- und Nationaltheater ziehen. Viele sind freilich so frei, zu sagen, es sei weder höflich noch national, den Bruch des 6. Gebotes mit Glanz und Glorie zu verherrlichen und andere wollen deshalb wissen, daß der Wahnsinn auf seinem natürlichen Schauplatze, auf den ›Ramersdorfer Lüften‹ (Platz des Münchener Irrenhauses) aufgeführt werde.«

Einspänner. »Herr Müller ist uns als Mensch und Künstler viel zu sympathisch, als daß wir ihm nicht raten sollten, den gefiederten *Einspänner* so bald als möglich wieder abzudanken.« (Ed. Hanslick über die ›Lohengrin‹-Aufführung, Wien, 15. Februar 1875.)

Eisenfeilspäne. »Mit dem Vorwurf der Melodienarmut darf man Wagner wohl nicht mehr kommen, seit er in den Meistersingern so beißenden Spott darüber ausgegossen. Es kommt eben nur auf den Begriff von Melodie an. Nach unserer einfältigen Meinung ist die Melodie verschieden von *Eisenfeilspänen* und unser Ohr kein Magnet.« (Ed. Hanslick: Rezension des Wagnerkonzertes in Wien am 26. Dezember 1862.)

Eldorado. »Wagners Opern bleiben das *Eldorado* für die singenden Naturalisten, hier erreichen die Sänger, die nur wenig gelernt haben, dennoch die gewünschte Wirkung; das Orchester trägt die Unmusikalischen, Deklamation ist leichter zu geben als Kantilene, bei dem steten Wechsel des Tempo fällt Unsicherheit weniger auf.« (›Neue Berliner Musikzeitung‹, März 1872.)

Elixierliebe. »Dieses fieberglühende Stück, in welchem jeder Blutstropfen bis zur Siedhitze destilliert wird, diese Tragödie der *Elixierliebe.*« (L. Ehlert, Bericht über ›Tristan und Isolde‹ in Berlin. ›Deutsche Rundschau‹, Mai 1876.)

Ende. »Jedes Musikstück enthält das vollständigste Zeugnis, daß der Komponist am *Ende* seines Latein steht.« (›Signale‹, 1864, Nr. 4. Konzertbericht aus Wien. Wagner hatte u. a. folgende Kompositionen dirigiert: Stücke aus ›Tristan‹, ›Meistersinger‹-Vorspiel. Vergl. Sargdeckel.)

Enfants terribles. »Wagner et Berlioz sont de la même famille: ce sont deux frères ennemis, deux *enfants terribles* de la vieillesse de Beethoven, qui serait bien étonné s'il pouvait voir ces deux merles blancs sortis de sa dernière couvée.« (P. Scudo, ›Revue des deux mondes‹, 1860.)

Entbehrlich. »Wir resümieren: Fragt man uns nach unserem persönlichen Verhältnis zu Wagners Schöpfungen, so bekennen wir, daß sie uns in dem Sinne vollständig *entbehrlich* sind, als sie uns zwar als Ausdruck der Zeit und einer bestimmten, energisch ringenden Individualität interessieren, uns aber nicht den mindesten Kunstgenuß gewähren. Das Interessanteste in ihnen ist fast immer zugleich süßlich, und das Übrige einfach langweilig. – Wagner ist so wenig ein dichterischer Geist, daß seine Operndichtungen nicht Einen Vers enthalten, den ein echter Dichter geschrieben haben könnte, dagegen von Floskeln und Phrasen wimmeln; er ist so wenig ein musikalischer Geist, daß wir in seinen Opern nicht auf Eine schöne Melodie, nicht auf Einen wahrhaft bedeutenden, von innerem Leben erfüllten, in sich abgeschlossenen musikalischen Gedanken hinzuweisen vermöchten.« (Carl van Bruyck: ›Die Oper und das Wagnersche Opern-Drama‹, ›Deutsche Musikzeitung‹, Wien, 1860, Nr. 46.) – Für durchaus *entbehrlich* hielt auch Emil Naumann den Meister Richard Wagner. In seinem Schlußartikel über Bayreuth (›National-Zeitung‹, September 1876) und in der Broschüre: ›Musikdrama oder Oper?‹ (S. 58) findet sich der sehr dreiste Ausspruch: »Wir begehren wenigstens in der Musik keine andere nationale Kunst, als diejenige, die wir, da wo es sich um das Genie handelt, einem Bach, Händel, Gluck, Haydn, Mozart und Beethoven, und unter den großen Talenten einem Schubert, Weber, Mendelssohn und Schumann verdanken, und betonen, daß die nationale Bedeutung Deutschlands in der Tonkunst unserer Meinung nach im großen und ganzen selbst dann keine allzu empfindliche Einbuße erleben würde, wenn der Name Wagner auf der Liste der von uns angeführten Meister fehlte, wenn auch zugegeben werden muß, daß diese dann um einen höchst eigenartigen Charakterkopf ärmer sein würde.« So fr–ei hat sich in den letzten Jahren keiner ausgedrückt. Hätte dieser Emil jemals Aussicht, in die Stammrolle der Genies oder auch nur in die Liste der Talente aufgenommen zu werden, ich könnte ihm ziemlich genau sagen, um was für einen »Kopf« diese Verzeichnisse alsdann bereichert wären! Natürlich alles »nach unserer Meinung und im großen und ganzen.« O Emil! O jerum!

Den beiden Vorrednern schloß sich 1899 als würdiger Dritter der Malerdichter oder Dichtermaler Arthur Fitger an. Die Rundfrage K. Busses: ›Was halten Sie von Richard Wagner als Dichter?‹ beantwortete er kurz und bündig: »Richard Wagner betreffend erwidere ich Ihnen, daß ich persönlich wenig oder gar nichts verlieren würde, wenn er überhaupt nicht vorhanden wäre.«

Entladen. »Da Richard Wagner in München eine immer solidere Basis für seine Engros-Unternehmungen gewinnt, so hat sich hier (in Wien) ein gewisses Gefühl der Sicherheit wenigstens für den nächsten Zeitraum eingestellt. Man weiß, die nächsten Wagnerschen Opern werden sich über München *entladen.*« (›Signale‹, 1864, Nr. 38. Wiener musikalische Skizzen.)

Epigone. »Wie Marschner Weber gegenüber, so befindet sich Wagner Meyerbeer gegenüber in der Lage des *Epigonen*, und kein Bosko vermag den Meister zu verdunkeln, der inmitten des Verfalls die große Oper des neunzehnten Jahrhunderts zu ihrer großartigsten Entfaltung gebracht hat.« (›Echo‹, Berlin 1872.)

Epidemie. »Wie *Epidemien* sich unwiderstehlich von Ort zu Ort verbreiten, so werden wir es ruhig erdulden müssen, daß auch die ›Meistersinger‹ allmählich von Bühne zu Bühne die Runde machen.« (W. Lübke, ›Neue Freie Presse‹, 5. März 1869.) – Über die Ouvertüre ›Romeo und Julie‹ von Tschaikowsky schrieb Speidel im Wiener ›Fremdenblatt‹ vom 28. November 1876: »Der Komponist zeigt sich von der *Epidemie* der Zukunftsmusik ergriffen, von jener *Epidemie*, welche sich wasserscheu von der Logik abwendet, im Dusel schwelgt und ein über das andere Mal in Dissonanzenkrämpfe verfällt. Von ursprünglicher Erfindung ist bei diesen Leuten, die höchstens pathologisch interessant sind, blutwenig wahrzunehmen.« – Eine *Epidemia Wagneriana* konstatierte die ›Kölnische Zeitung‹ 1873 für Berlin; sie wird als stark grassierend bezeichnet. – »Gleich dem Tischrücken, dem Spiritismus, so müssen wir auch das Wagnerfieber zu den geistigen *Epidemien* zählen. Es scheint zur Zeit keiner weiteren Steigerung fähig, ob aber darum die Krisis bevorsteht, wer kann das wissen!« (Otto Gumprecht in der ›National-Zeitung‹ vom 7. November 1882.)

Eselsohren. »Wagner hat bei der Prügelszene (in den ›Meistersingern‹) jedenfalls auf recht *große Ohren* gerechnet, für ›menschlich‹ gebaute war der Skandal unerträglich. Dixi! Ein Besucher des I. Ranges.« (Eingesandt einem Wiesbadener Lokalblatte nach der ersten Meistersingeraufführung am 28. September 1879.)

F

Famulus. »An der Spitze des Programms Mozarts Jupitersymphonie. Vom Erhabenen zum Komischen war auch diesmal nur ein Schritt. Nach Mozart kam Wagner mit seiner Faust-Ouvertüre. Eine Faust-Ouvertüre schrieb auf dem Titelblatte der geschraubte Komponist. Man könnte richtiger sagen: keine Faust-Ouvertüre oder doch wenigstens: Ouvertüre zu Faust, komponiert vom *Famulus* Wagner. Es ist ein Greuel dieses Hauptthema, das sich in Oktonen (Oktaven?), dem leersten Intervall, sprungweise herumwirft.« (L. Speidel: ›Vom Salzburger Musikfest‹, III. Wiener ›Fremdenblatt‹, 21. Juli 1877.)

Farce. Im April 1870 enthielt das Berliner ›Fremdenblatt‹ folgendes Eingesandt: »Eine hochlöbliche Generalintendantur wird höflichst ersucht, die neue Gesangsposse ›Die Meistersinger‹ doch an das Wallnertheater abgeben zu wollen, für welches sich diese *Farce* brillant eignet. Man denke sich nur Reusche als Hans Sachs, Helmerding als Beckmesser, die Stolle als Lehrjungen des Sachs, welch herrliches Kleeblatt! Auch die fortwährend karikierte Musik würde im Wallnertheater viel drastischer wirken. Sollte die Königl. Generalintendantur jedoch unserm Vorschlage nicht beitreten, so würden sich wesentliche Kürzungen empfehlen und schlagen wir zu diesem Behufe vor, den 1., 2. und 3. Akt ganz zu streichen.«

Ein Musikfreund.

Im Briefkasten der ›Tonhalle‹ (1872, Nr. 20) antwortete der Redakteur Otto Reinsdorf: »Über die Bayreuther Grundsteinlegungsfeier werden wir keinen Bericht bringen, trotzdem uns mehrere zugegangen sind. Wir halten dieselbe für eine *Farce*, für eine mit echt Wagnerschem Raffinement in Szene gesetzte Komödie, nur darauf berechnet, sich persönlich verhimmeln zu lassen. Manche dort vorgekommene Szenen sind geradezu ekelhaft.« Freudig stimmte Dr. W. Mohr in seiner Broschüre: ›Das Gründertum in der Musik‹ (1872) bei, und vier Jahre später erklärte Schletterer im Nibelungenringe manches für eine – *Farce*. »Selten finden sich wohl in einem Werke unvermittelt die Kontraste des Hochpoetischen und Lächerlichen so auf einer Grundstimmung zusammengestellt. Hier (in der Kampfszene Siegfrieds mit dem Drachen) wirkt die Sache um so komischer, weil der Dichterkomponist es so ungemein ernsthaft meint, und im Bestreben, ein Gesamtkunstwerk zu bieten, es über eine verunglückte *Farce* nicht hinausbringt.«

Fechsung*. »Alle Jahrgänge unserer neueren Musik, von unserm letzten klassischen Zeitalter bis herab auf die *Bayreuther Fechsung* gären und summen Talente durcheinander. Neben Beethoven rührt sich Richard Wagner usw.« (L. Speidel über die dritte Symphonie von Ant. Bruckner: Wiener ›Fremdenblatt‹, 22. Dezember 1877.)

Festkrämpfe. »So haben denn die olympischen *Festkrämpfe* endlich stattgefunden. Alles war wahnsinnig: der Text, die Musik, die Wagnerianer und die Eintrittspreise. Im Drama herrschen nur die brutalen Instinkte und die Launen eines abgewirtschafteten (!) Gottes.« (D. Spitzer, Über die Aufführung der ›Walküre‹ in Wien, März 1877.)

Fou. »Richard Wagner est un *fou*, un *fou* d'orgueil; il n'est pas de folie plus triste, plus monstrueuse dans ses effets, et qui résiste plus à toute cure.« So beginnt Hippolyte Prévost seine ›Étude sur Rich. Wagner à l'occasion de Rienzi.‹ (Paris 1869.) Schon acht Jahre früher erklärte Hector Berlioz in einem Briefe vom 5. März 1861, acht Tage vor der ersten Pariser Tannhäuseraufführung, was Dr. Puschmann 1874 zu beweisen suchte: »Wagner est évidemment *fou*. Il mourra comme Jullien est mort l'an dernier, d'un transport du sang au cerveau.«

Fratzenbild. »Nur mit Unwillen kann dieses *Fratzenbild* unserer schönen keuschen Sprache lesen, wer nicht alles Gefühl für Schönheit der Sprache überhaupt verloren hat. Die Edda und

* Fechsung = Jahresertrag, Ernteergebnis.

unsere alten Götter- und Heldengesänge sind hieran unschuldig. In ihnen ist die Sprache ebenso klar und lauter, wie bei Wagner unrein und *verfratzt.*« (Dr. Kleser in der ›Kölnischen Zeitung‹ vom 19. April 1880. Rezension über die erste Aufführung des ›Siegfried‹. Urteil über das Textbuch.)

Frauenzimmer, alte Weiber. Nach Hanslick (1870) ist die Ortrud ein unangenehmes *Frauenzimmer.* H. M. Schletterer erzählt in seinem Buche: ›Richard Wagners Bühnenfestspiel‹ (1876): »Nun zwingt der Dichter (im Vorspiel zur ›Götterdämmerung‹) drei alte, abwechselnd von elektrischem Lichte belästigte *Frauenzimmer* auf die Bühne, die ein goldenes Seil drehen und sich gegenseitig zuwerfen.« Ferner versichert derselbe Herr seinen gläubigen Lesern: »Die Nornen, ihrem *Altweiber*-Charakter getreu, wärmen wiederum alte Geschichten auf, während sie mit dem Seil hantieren« usw. Zuletzt heißt es: »Mit Hochgenuß sieht man die ihres Wissens ledigen *alten Weiber* endlich verschwinden, und während der Tag heller empordämmert, fragt man sich vergebens, was sie denn eigentlich hier zu tun hatten?«

Frottieren. »Dieses *Frottieren* des guten und bösen Prinzips aneinander, dieses Ringen, dieses heidnische Violinkreischen, das von dem christlich-germanischen Bombardon des Glaubens und der Gutmütigkeit schließlich in den dicksten Tönen überboten wird, übt auf jedes blasierte Herz noch einen Reiz aus.« (›Signale‹, 1859, Nr. 49. Bericht über den ›Tannhäuser‹ in Wien.)

Furchtbar-quatsch. »Selten wohl hat ein Humorist in Deutschland gelebt, der fähig wäre, seinen urkomischen Operntexten ein so komisches Operngewand anzulegen, wie Richard Wagner. Das *Furchtbar-Quatsche* im Bündnisse mit dem Schauderhaft-Blödsinnigen macht ihn zum ersten Vertreter der modernen Gesangsposse, die leider vom Repertoir des Hoftheaters gestrichen ist, weshalb wir den dramatisch-musikalischen Kladderadatsch ›Tristan und Isolde‹, sowie die Burleske ›Die Meistersinger‹ schwerlich in Berlin zu sehen bekommen.« (›Beobachter an der Spree‹, Berlin, 24. Mai 1869: ›Richard, der große Judenfresser‹; ein zweiter Artikel war überschrieben: ›Beweis, daß Richard Wagner ein Jude ist.‹)

G

Gans und Gänschen. »Wie manche hoch- und manche wohlgeborne menschliche *Gans und Gänschen* über den Musikpoeten der Zukunft denkt, wissen wir aus dem lebhaften Geschnatter, womit sie die Luft Deutschlands und Frankreichs erfüllen. Was aber empfinden ihre weißen oder bunten oder schwarzhälsigen schwimmenden Kousinen dort z. B. bei der Ouvertüre der ›Meistersinger‹?« (Ludwig Pietsch, 1870, in einem Feuilleton über ein Wieprechtsches Konzert im Zoologischen Garten. Wie geistreich und wie galant!)

Gänsemarsch. »Niemals singen ihrer zwei zugleich. Langsam und pathetisch rezitiert einer nach dem andern, während die übrigen stumm und gelangweilt zusehen. Ein drei Stunden langer musikalischer *Gänsemarsch.*« (Ed. Hanslick, 1869, über die Münchener Aufführung des ›Rheingold‹.) Dieser »witzige Einfall« hat emsige Kolporteure gefunden. So schreibt Ehren-Schletterer in der ›Wiener Abendpost‹ vom 9. September 1876: »Nur ganz wenige zweistimmige, ein dreistimmiger Satz und ein Chor begegnen uns während der vier Abende des ›Nibelungenringes‹. Das Übrige bewegt sich alles im *Gänsemarsche* der Einstimmigkeit.« In der Augsburger ›Allgemeinen Zeitung‹ mochte Schletterer das »Bonmot« nicht wieder anbringen; er sann und sann und fand endlich das Wort – Paradeschritt als Ersatz. »Im Rheingold standen einmal acht Personen auf der Bühne, die aber bescheiden immer hübsch nacheinander das Wort nahmen und einen musikalischen Paradeschritt einhielten, der den Hörer verzweifeln ließ.« – Dr. W. Mohr kehrte zum *Gänsemarsch* zurück. Im 5. ›Briefe eines Bayreuther Patronatsherren‹, datiert 15. August 1876, heißt es: »Nun wird wohl niemand glauben, daß ich wie ein echter ›Rabiater‹ Feuer fressen und Steine schlucken könne, daß ich manche Längen nicht als solche empfinde oder die Schrulle des Meisters nicht bedaure, mit der er da, wo die Handlung nicht von der Stelle will, die Akte mit einigen Wechselreden längt. Solcher *Gänsemarsch* vokalisch monotoner Rhetorik ist mir so fatal, wie irgend jemandem.« (›Kölnische Zeitung‹, 18. August 1876.) – Der Vater des »Witzes« führt sein Kind auch in den Berichten über die Festspiele in Bayreuth (1876) behaglich spazieren. »Welche Qual es ist, diesen gesungenen *Gänsemarsch* den ganzen Abend zu verfolgen, weiß nur, wer es selber erlebt hat.« (›Neue Freie Presse‹, August 1876.)

Gaukel und Schwarbel. Der weiland Doktor Jeremias Sauerampfer erzählt in seinen ›Denkwürdigkeiten‹ folgenden Vorfall: »Die Kunst war durch meinen liebenswürdigen Freund Thaddäus Templer in unserm Kreise gut vertreten. Eines Tages teilte uns Templer mit, daß in der Hauptstadt zwei superlativische Zukunftsmessiasse grassierten, der große *Gaukel* und der größere *Schwarbel.*« (Liszt und Wagner.) (Johannes Scherr: ›Das Gastgeschenk des Genius‹. ›Berliner Tageblatt‹ vom 17. Januar 1877.)

Geburtsklinik. »Nicht jedes Theater kann, wie die Münchener Hofoper, eine eigene kostspielige *Geburtsklinik* für Richard Wagner unterhalten.« (Ed. Hanslick, ›Neue Freie Presse‹, 9. März 1869.)

Gemeinheit. »Die ganze Handlung (im ›Nibelungenringe‹) ist eine so widersinnige *Gemeinheit*, daß es Wunder nimmt, daß sie aufgeführt werden darf.« (Berliner ›Fremdenblatt‹, 6. April 1879. ›Brief aus dem Volke‹, unterzeichnet H. G.)

Gequassel und Gequatsche, in solchem nudelt (!) sich das Duett zwischen Tristan und Isolde von Seite 111 bis 135 des Klavierauszugs. (H. Dorn.)

Geschwollen. »Das Libretto der ›Meistersinger‹ ist von keiner allgemeinen Bedeutung. Seiner Korpulenz wegen, die es nur der darin sich breitmachenden Überwucherung des Textes verdankt, hat man ihm die Ehre angetan, es dick zu nennen. Uns erscheint dasselbe nach Goethes treffender Unterscheidung nur *geschwollen.*« (C. Koßmaly: ›Über Rich. Wagner‹; Leipzig, 1873.)

Gestammel. »Anzuerkennen ist die gebildete und stellenweise auch ausdrucksvolle Sprache der Dichtung, die leicht alliterierend geformt ist, ohne in Wagnersches *Gestammel* auszuarten.« (›Vossische Zeitung‹, Berlin, 19. Mai 1897, Bericht aus Mannheim über eine Aufführung der Oper ›Gernot‹ von d'Albert.)

Getöse. »Es gab vom Altertum bis zu uns herauf Seelen, für welche die Musik nur ein über Singnoten aufgebautes *Getöse* von Instrumentalstimmen ist, wie heutzutage die Wagnersche Musik beweist.« (Dr. Schafhäutl: ›Ein Spaziergang durch die Musikgeschichte.‹)

Getute, trostloses. Eine höchst ergiebige Fundgrube für Kraftausdrücke bildet die Rezension des Kritikers der ›Düsseldorfer Neuesten Nachrichten‹ vom 30. März 1897 über Wagners

›Siegfried‹; unterzeichnet ist sie J. v. W. »Das Zwerggehämmer und Riesengepolter, das Schnarchen des Wurmes Fafner und das Zwitschern des Waldvogels ist gestern Abend wieder an den Ohren der Hörer vorübergerauscht. Vier geschlagene Stunden, die Pausen eingerechnet, dauerte diese musikalische Leitmotivmusterkarte. Drei Stunden braucht der Dichterkomponist, um sein Publikum dorthin zu führen, wo er es am Schlusse der ›Walküre‹ verließ, drei Stunden, von denen mindestens zwei durch die musikalische Öde des Mimegemeckers, Alberichfluchens, durch die undramatischen Wechselreden des Wanderers mit Mime, Alberich oder Erda ausgefüllt werden. Es ist ein zweck- und hilfloses Dehnen des Stoffes, das einen normal veranlagten Menschen zu gelinder Verzweiflung zu bringen vermöchte, wenn nicht hin und wieder ein musikalischer Lichtblick das *trostlose Getute* unterbräche. – Welch haarsträubenden textlichen Blödsinn bekommt man zu hören! Ich kann mich des Verdachtes nicht erwehren, daß es Wagner gelüstet hat, einmal zu versuchen, was alles er der Schar seiner blind auf ihn schwörenden Anhänger bieten dürfe, ohne von ihnen des Mangels an Logik und Geschmack geziehen zu werden. Der Erfolg beweist, daß es nichts gibt, das zu abgeschmackt wäre, um in eine ›Wagnersche Handlung‹ aufgenommen werden zu können.« – Über des Hirten ›traurige Weise‹ im dritten Akte von ›Tristan und Isolde‹ schrieb Max Kalbeck: »Ähnliches gilt von dem auf dem englischen Horn Trübsal blasenden Ochsen-, Schaf- oder Sauhirten und seiner traurigen Weise, die neben dem G ein verruchtes Ges in der Schalmei stecken hat und sich von keinem der beiden Töne trennen mag. Der Gedanke, daß dieses vierzig Takte lang andauernde monotone *Getute* auf Schloß Kareol nicht die böswillige Erfindung eines Einzelnen, sondern ein sich von Hirt zu Hirt fortpflanzendes Erbstücklein ist, wie dies Tristan gelassen andeutet, kann ein schwaches Gemüt zu stillem Wahnsinn bringen.« – (Max Kalbeck über des Hirten traurige Weise im letzten Akte von ›Tristan und Isolde‹. Wiener ›Presse‹, 9. Oktober 1883.)

Gilkagetränkt. »Tristan und Isolde sind von der Pokalszene ab Marionetten, welche an *gilkagetränkter* Strippe willenlos hin- und herbammeln.« (H. Dorn, 1876.)

Golgatha und Calvarienberg. »Alle diese Sachen in Wagnerscher Manier singen hören zu müssen, breitspurig, in endloser Melodie, die keine Melodie ist, unterbrochen und begleitet von unzähligen Motiven, Tonmalereien und Orchestersätzchen, jede Möglichkeit ausgeschlossen, einen Satz verstehen zu können, ist das Grausamste, was einem Menschen zugemutet werden kann. In solchen Stunden kommen über den Hörer alle Leiden der Märtyrer auf einmal und man begreift, wie man den Wagnerhügel mit einem *Golgatha und Calvarienberg* vergleichen konnte.« (H. M. Schletterer: ›Richard Wagners Bühnenfestspiel‹. 1876.) Das »schmerzhafte Bonmot« vom artistischen *Calvarienberge* hat W. Marr zuerst angewendet; in einem seiner Artikel für ›Die Gartenlaube‹ (1876, Nr. 35) kommt es nicht weniger als neunmal vor!

Gottesgeißel. »Für einen Mann, der Humbug treibt, halten wir Wagner nicht, ebensowenig für einen vollendeten und ganzen Künstler, sondern für eine heilsame *Gottesgeißel* in der musikalischen Babelsverwirrung der jüngsten Vergangenheit.« (Augsburger ›Allgemeine Zeitung‹, 26. April 1869.)

Goujat. Im Winter 1881/82 fand in Palermo zu Ehren Richard Wagners eine Soiree bei der Gräfin Tasca statt. Der Gast ließ sehr lange auf sich warten und erschreckte die Dame des Hauses durch seinen Anzug, so erzählt Albert Wolff den Parisern am 8. Juni 1882 durch den ›Figaro‹. Ich teile den betreffenden Passus wörtlich mit: »Richard Wagner était en tenue de bal de l'avenir: un chapeau mou sur la tête, un vieux macfarlane jeté sur ses épaules et un parapluie en coton à la main. L'homme est tout entier dans cette histoire, dont je garantis l'authenticité. Personne ne saurait nier que Richard Wagner est le premier des compositeurs vivants en même temps que le dernier des *goujats.*« Obgleich Wolff die Richtigkeit der Geschichte verbürgte, wurde sie noch an demselben Tage von einem, der dabei gewesen war, als pure Erfindung bezeichnet. ›Wie gewöhnlich – erlogen‹, mit dieser Überschrift brachten deutsche Zeitungen eine Berichtigung, unterzeichnet G. B. Guccia.

Götterdroschke. »Das Widdergespann Frickas erregte das Lachen des Publikums und nicht mit Unrecht. Denn das unter elektrischer Beleuchtung erfolgende Erscheinen der beiden Bäh-Schäfchen* versetzt die Fantasie sofort aus dem Kunsttempel in die Kinderstube. Ist es denn nötig, daß das Gespann sichtbar wird? Brünnhilde meldet das Erscheinen, der Zuhörer erfährt

* Die »ausgewachsenen Weihnachtsschäfchen« schrieb Oskar Blumenthal am 11. Mai 1881, am 15. Mai spottete auch Karl Frenzel über Frickas Wagen mit den zwei Schäfchen.

von ihr, daß Frickas Wagen mit Widdern bespannt ist, sollte das nicht genügen, und die Darstellerin der Fricka, um die komische Wirkung zu vermeiden, lieber zu Fuß auf dem Felsen erscheinen? Der Halteplatz für die *Götterdroschke* braucht doch nicht gerade vor den Augen des Publikums zu liegen.« (Otto Leßmann: ›Richard Wagners Ring des Nibelungen‹; ›Allgemeine Deutsche Musikzeitung‹, 1881, Nr. 20.)

Göttergelichter. »Für eine Flasche Wein in Eis hätten wir mit Vergnügen das ganze *Göttergelichter* verschenkt.« (Karl Frenzel, nach dem 2. Akte der ›Walküre‹ in Bayreuth, August 1876.)

Götzentempel von Bayreuth. »Leider beherrscht Wagner unverhältnismäßig das Repertoire; fast jede Woche bringt den ›Tannhäuser‹ oder ›Lohengrin‹, Dank dem Zukunftswahn, welcher zumal die hochgestellten Schichten der Gesellschaft berückt hat. Auch ›Rienzi‹, ›Die Meistersinger‹, ›Der fliegende Holländer‹ sind noch immer nicht auszumerzen. – – Diese Zukunftstorheit scheint nicht ersterben zu wollen. – Meyerbeer's ›Robert der Teufel‹, ›Prophet‹ und ›Hugenotten‹ üben trotz der musikalischen Judenhatz, deren unversiegbarer Springquell neben dem *Götzentempel von Bayreuth* rauscht, eine ungeschwächte Anziehungskraft.« (E. E., d. i. Eppenstein, ›Neues Berliner Tageblatt‹, 24. Dezember 1875.)

Goldwasser der Brunst nennt Dorn den Liebestrank Isoldens. Nach des Verfassers Meinung sind der Wahnsinn und die Verzweiflung der beiden Liebenden nicht seelische Zustände, sondern körperliche, durch einen *Likör* verwirkte Aufwallungen.

Gräßlich. Am 12. Januar 1846 wurde in Leipzig zum ersten Male die Tannhäuserouvertüre gespielt, Mendelssohn dirigierte. Der Thomaskantor, Moritz Hauptmann, schrieb an Louis Spohr: »Von Wagner ist in einem Konzerte die Tannhäuserouvertüre gegeben worden. Sie ist ganz *gräßlich*, unbegreiflich ungeschickt, lang und langweilig für einen so gescheidten Menschen. Ich möchte gern mal eine seiner Opern hören. Von dem, was mir bis jetzt bekannt davon geworden, kann ich mit dem besten Willen keine gute Meinung davon fassen. Es ist kein junger unerfahrener Mensch mehr und wer da noch so ein Ding machen und stechen lassen kann, wie diese Ouvertüre, dessen Künstlerberuf scheint mir sehr wenig entschieden. Ich habe von Haus aus kein rechtes Vertrauen zu einem Komponisten, der sich seine Texte selbst dichtet.«

Grausam. »Eins der *grausamsten* Gebote unserer Referentenpflicht rief uns in die Aufführung des ›Lohengrin‹, um unser Ohr drei Stunden lang von einem der Erbarmungslosesten unter allen Komponisten vergewaltigen zu lassen, die je den Segen der Töne in sein Gegenteil verkehrt.« (O. Gumprecht, ›Berliner National-Zeitung‹, November 1866.)

Grinsen und Greinen. »Ein naturwidriges, Musik sein sollendes *Grinsen und Greinen*« nennt Dr. Kastan (Pseudonym Eusebius) die Musik zum ›Tristan‹. (›Frankfurter Zeitung‹, 1874.)

Grobian. »In einem, Luzern, 10. April 1869, datierten Briefe, den Richard Wagner mit dem sichtlichen Bemühen, so impertinent als möglich zu sein, an uns richtet, stellt Einsender in Abrede, bei Verzögerung der Münchener Kunstausstellung irgendwie beteiligt gewesen zu sein. Wir nehmen von dieser Erklärung Akt, indem wir gleichzeitig mit einigem Bedauern konstatieren, daß der königl. bayrische *Grobian* von seinem jüngsten Paroxysmusanfall, der in Broschürenform auf dem Büchermarkte erschienen, sich noch nicht erholt zu haben scheint.« (Wiener ›Presse‹, 14. April 1869.)

Größenwahnsinn und Gehirnerweichung. Ich verweise auf die Broschüre Puschmanns und die ähnlich lautenden Diagnosen Heinrich Dorns. In einer Rezension des ›Judentums in der Musik‹ (Berliner ›Fremdenblatt‹, 1869) sagt Richard Wüerst am Schlusse folgendes: »Nach dem Erscheinen der vorliegenden Schrift erwarten wir mit Bestimmtheit, binnen kurzem zu vernehmen, daß der berüchtigte Autor derselben in ein *Irrenhaus* gesperrt sei, eine Vermutung, die dem christlichen, aber vielleicht stark ›verjüdeten‹ Unterzeichneten bereits beim Durchlesen von Wagners letzten ›Operndichtungen‹ aufgestoßen ist.«

Großkophta. »Eine Nibelungenmusik kann der Wiener auf die Dauer nicht aushalten. Eine Stadt, welche einen Haydn, Mozart, Beethoven, Schubert zum Gesange begeisterte, hat keinen Boden für die zerrissene, alle Schönheit verhöhnende, form- und gedankenlose, durchaus unmusikalische Musik des Bayreuther *Großkophta.*« (Wittmann: ›Feuilleton über die erste Aufführung der ›Walküre‹ in Wien; ›Breslauer Morgenzeitung‹, März 1877.)

Gründer. »Was auf dem volkswirtschaftlichen Gebiete die *Gründer* sind, das ist auf dem Gebiete der Musik der Meister von

Bayreuth, ein kühner Spekulant, der die Einfalt und Leichtgläubigkeit des Publikums für sich ausbeutet und sich dabei ins Fäustchen lacht.« (Franz Hille im ›Wiener Sonn- und Feiertags-Kourier‹ vom 30. Juli 1882.)

H

Hängegendarmen. »Jetzt soll auch Herr v. Hülsen von den Wagnerschen *Hängegendarmen* beseitigt und ein gefügigerer Generalintendant an seine Stelle gesetzt werden, der sich's gefallen läßt, daß ein Herr Wagner über seinem Haupte als Sürintendant herrscht. Herr v. Hülsen ist aber ein strammer preußischer Offizier und wird hoffentlich den Sturm der Gesellen abzuschlagen wissen.« (›Berliner Montagszeitung‹, 26. Aug. 1872.) Das gänzlich unbegründete Gerücht, Wagner wolle Generalmusikdirektor werden, ängstigte damals viele Leute.

Häßlich und versumpft. »Wagner fälscht lieber data und facta, er behauptet lieber keck, die halbe Christenheit sei verjüdet, als daß er an seinen alleinseligmachenden Prinzipien, an seinen musikalisch impotenten Werken einen Zweifel aufkommen ließe oder sich zur wahrhaften Einkehr in sein *häßliches und versumpftes* Ich bequemte. Er schreibt von Mendelssohn, dem er weder als Mensch noch als Komponist die Schuhriemen aufzulösen würdig wäre.« (Rich. Wüerst, ›Berliner Fremdenblatt‹, 1869.)

Hahnenschritt. »Die kleine, heiter-elegische Oper von Ignaz Brüll: ›Das goldene Kreuz‹, nahm sofort alle Herzen gefangen, obwohl ihr schlichter musikalischer Stil und einfacher Fortgang im denkbar größten Widerspruch zu dem gespreizten *Hahnenschritt* steht, mit dem unsere Pseudo-Romantiker seit einer Reihe von Jahren über die moderne Opernbühne dahinstolzieren und zugleich das Publikum mit allen Mitteln der Reklame, mit Vor- und Nachreden, durch Kommentare und in Parteiblättern Glauben machen wollen, ihre aus Affektion forcierter Überschwänglichkeit und Manier bestehende Musik sei höchstes Pathos.« (Emil Naumann, 1876.)

Haide. »›Die Afrikanerin‹ des vielgeschmähten Meyerbeer, seine schwächste Schöpfung, sieht man lediglich auf die Frische und Ursprünglichkeit der Produktion, verhält sich immer noch zum ›Lohengrin‹, wie das gesegnete Indien zu einer nordischen

Haide.« (Otto Gumprecht, ›National-Zeitung‹, Berlin, November 1866.)

Hans in allen Gassen. »Richter war *Hans in allen Gassen.* Er dirigierte das Klavierkonzert, geigte bei den Schmiedeliedern mit unter den Violinisten und schlug bei Siegfrieds Tod die Trommel.« (›Echo‹, 1875, Nr. 12. Gefälschter Bericht aus Pest über das Wagner-Liszt-Konzert am 10. März 1875.)

Haut-goût. »In der Tat bemerkte auch ich in Strauß' Novitäten jenen *scharf prickelnden Duft*, den das Wildbret ausströmt, wenn es nach Vergangenheit, und die Musik, wenn sie nach Zukunft riecht.« (Ed. Hanslick: ›Geschichte des Konzertwesens in Wien.‹ 1865.) – »Wenn Musik *stinken* könnte, so würde man sich bei dieser ›Ecorcherie in Noten‹ die Nase zuhalten müssen.« (H. Truhn in der ›Berliner Montagszeitung‹, 1870; Verurteilung der Prügelszene in den ›Meistersingern‹.) – *Haut-goût* spürte auch die feine Nase des Königsberger Opernkomponisten Gustav Dullo, und zwar im ›Nibelungenringe‹. Er veröffentlichte 1872 seine Broschüre: ›Richard Wagner. Ein Wort der Aufklärung über dessen Trilogie.‹ Es finden sich darin folgende Sätze, Brünnhildens Erweckung betreffend: »Ihre brünstige Extase grenzt dicht an Nymphomanie. Indes ist nicht zu verkennen, in welcher Umgebung sie früher gelebt hatte. Ihre Schwestern mit ihrem Hojotoho!, ihrem Leichenträgeramt und dem *haut-goût*, den Pferd und Stall verleiht, haben auch auf Brünnhild ein eigenartiges Parfüm übertragen.«

Hecht im Karpfenteich. »Wie wenn ein *Hecht* in das stagnierende Gewässer eines friedlichen *Karpfenteiches* fährt und alles durcheinanderjagt, so bringt ein neues Werk aus Wagners Feder immer lebhafte Bewegung in die Theaterwelt und ihre Freunde.« (Rob. Lienau im ›Echo‹ vom 6. April 1870 über die erste Berliner Meistersingeraufführung.) – »Wir können den Komponisten, der seit drei Jahrzehnten in die Irre führende Seitenwege eingeschlagen hat, nicht vielleicht, weil er die Melodie verließ, sondern vielmehr sich von ihr aufgegeben sah, nur als den *Hecht im musikalischen Karpfenteich* betrachten, bestimmt, der Stagnation im Tonleben der Gegenwart abzuwehren und durch seine großartige Energie, der leider ein adäquates Produktionsvermögen nicht entspricht, die Welt in Atem zu halten.« (›Berliner Börsen-Zeitung‹ vom 13. Mai 1881; Rezension über den ›Ring des Nibelungen‹.)

Henker. »Richard Wagner, der allgemeine Feind, der *Henker* der modernen Kunst, stürzt sich in ein verwegenes Unternehmen, welches ein bis zum Wahnsinn gesteigertes Selbstbewußtsein verrät.« (G. Stradina, 1875.)

Herzbrechend und ohrenschindend. »Den übrigen Teil des Abends nahmen Kompositionen von Wagner ein, darunter als Novität ›Wotans Abschied und Feuerzauber‹ aus der ›Walküre‹. Wenn wir den Abschied *herzbrechend und ohrenschindend* nennen, so zeigt sich der Feuerzauber im blendendsten Licht und besteht in tonmalerischen Effekten von der fabelhaftesten Wirkung.« (Rob. Lienau über das Wagnerkonzert in Berlin am 5. Mai 1871; ›Echo‹, 1871, Nr. 19.)

Hirnlos. »Hehre Tonkunst, darfst du es dulden, daß *hirnlose* Worte, einer verwilderten Phantasie entsprossen, sich paaren zu den wüst gezerrten Klängen deiner sonst so holden Weisen?« (R. Lienau, ›Echo‹, 1876, Nr. 12. Nach der Aufführung des ›Tristan‹ in Berlin. Am Tage vorher war der Verfasser noch ganz gesund!)

Hirnverbrannt. »Doch zur Sache! Zur Sache in der Hervorhebung, Beleuchtung und Abfertigung der hauptsächlichsten Schmähungen, Verleumdungen und des *hirnverbrannten*, blühenden Unsinns, dessen sich Richard Wagner in seiner Broschüre (›Das Judentum in der Musik‹) schuldig macht.« (›Der zukünftige Musikheiland Richard Wagner vor der öffentlichen Meinung.‹ Leipzig 1869.) – »Das *hirnverbrannteste* Unternehmen, das je ein Künstler oder ein dem Irrenhaus Entlaufener angestrebt hat« – nennt G. Stradina die projektierte Aufführung der Nibelungen in Bayreuth. (›L'art musical‹, Paris 1875, Nr. 34: ›Der Tempel zu Bayreuth‹, abgedruckt in der ›Neuen Berliner Musikzeitung‹, 1875, Nr. 34.) – »Ungemein erheiternd ist es, daß in einem *hirnverbrannten* Kopfe nachträglich noch die Idee auftauchen konnte, dieses an und für sich ganz nutzlose Haus (das Wagnertheater nämlich) auf Kosten der deutschen Nation zu erwerben und so für alle Zukunft dem mit Wagner getriebenen Götzendienst einen Tempel zu reservieren.« (H. M. Schletterer: ›Richard Wagners Bühnenfestspiel‹, 1876.)

Hochstapler. Der Bayreuther Architekt W. prophezeite 1873: »Wenn dieser *Hochstapler* aus der Dammallee (dort wohnte Richard Wagner, bis sein eigenes Haus, genannt Wahnfried, fertig war) imstande ist, den Bau des Theaters über die Grundmauern hinauszuführen, dann laufe ich barfuß nach Jerusalem und wieder zurück.«

Hochstaplerpaar. »Wie kann man es mit dem gesunden Menschenverstande vereinigen, daß es den Ehegatten Telramund und Ortrud, einem *Hochstaplerpaar* des 10. Jahrhunderts, unter den Augen des deutschen Königs, trotz dem (!) Schutze einer edlen Ritterschaft und bei der Wachsamkeit zahlreicher Diener gelingen konnte, die Nichtswürdigkeit ungestört bis zu der Ausdehnung zu treiben, wie wir sie hier gezeichnet finden?« (F. T. in der ›Casseler Tagespost‹ vom 18. August 1880.)

Höllenspektakel. Im Theater Ciniselli in Mailand wurde Rigoletto mit unzulänglichen Kräften gegeben. Das Publikum tobte und pfiff. Der Tenor, mitten in seiner Arie unterbrochen, trat vor und versicherte »auf Ehrenwort«, daß er in der Probe nicht schlecht gesungen habe und nicht begreifen könne, warum er nicht gefiele. Ein Mailänder Blatt fügt diesem Berichte die Notiz bei: »Es gehört eine sehr lebhafte Phantasie dazu, um sich den darauf folgenden Lärm zu denken. Dieser *Höllenspektakel* wäre nur mit der Aufführung von Richard Wagners Ouvertüre zum ›Fliegenden Holländer‹ zu vergleichen gewesen.« (Mitgeteilt in der ›Deutschen Musiker-Zeitung‹ vom 28. Mai 1871.)

Hoherpriester. »Die Nibelungen werden in vier Tagen aufgeführt, denn die Oper, welche der *Hohepriester* der Zukunft seinen Fanatikern vorführen wird, ist eine vierfache, später wird in Bayreuth wieder Schweigen herrschen, aus dem Tempel macht man ein Fouragemagazin.« (G. Stradina, 1875.)

Hokuspokus. »Herr Niemann, welcher in Leipzig gastieren sollte, hat, gestützt auf ein ärztliches Attest, einen Absagebrief geschickt. Wahrscheinlich hat er sich bei dem *Hokuspokus* mit der 9. Sinfonie in Bayreuth (Grundsteinlegung am 22. Mai 1872) vollends ausgesungen.«* (Berliner Musikzeitung ›Echo‹, 5. Juni 1872.) – »Die aus der sogenannten Bayreuther Schule hervorgegangenen Zöglinge werden nur auf der Bayreuther Bühne verwendbar sein. Die letztere aber zu einem nationalen Unternehmen aufbauschen zu wollen, ist der dreisteste *Hokuspokus.*« (Otto Gumprecht, ›Berliner National-Zeitung‹, November 1877.) – »Für mich war das köstlichste im ›Parsifal‹ doch der

* Niemann wirkte am 22. Mai 1872 – am Tage der Grundsteinlegung in Bayreuth – in Beethovens neunter Sinfonie mit; er sang das Tenorsolo im Finale.

Augenblick, wo man im ersten Zwischenakt heraustrat und die liebliche Landschaft draußen im milden Abendlichte liegen sah. Wie unnatürlich geschraubt erschien dagegen der raffinierte *Hokuspokus* da drinnen.« (W. Lübke: ›Bayreuther Nachklänge‹ in der ›Gegenwart‹ vom 11. November 1882.)

Holzkreuz. »Und aus dem dürren *Holzkreuz* des ›Tannhäuser‹ von Rich. Wagner wurde am 3. September das ›Goldene Kreuz‹ von Ignaz Brüll, welches stehende Repertoireoper geworden zu sein scheint.« (›Echo‹, 1876, Nr. 37, über die Aufführung des ›Tannhäuser‹ am 2. September 1876.)

Humbug. »Der Prophet des Kunstwerks der Zukunft erscheint uns nur in einem Punkte groß: in der Naivetät und Konsequenz, mit welcher er seinen literarischen, poetischen und musikalischen *Humbug* betreibt, wie kein Dichter und Komponist vor ihm.« (W. Mohr in seiner Broschüre ›eines Unparteiischen‹. Elberfeld, 1869.) – »Literarischer, poetischer und musikalischer *Humbug* wird von Wagner naiv und konsequent betrieben.« – »Ein dramatisch-musikalischer *Humbug* sind die ›Meistersinger‹.« (›Europa‹, 1871.)

Hundemarke. »Und im Orchester wiederum das ewige Rumoren und Ruminieren der Leitmotive. Wie bequem ist die Methode, jeder wieder erscheinenden Person, jeder ähnlichen Lage, jeder wiederkehrenden Gedankenverbindung ein und dasselbe klingelnde Leitmotiv, gleichsam eine *Hundemarke*, anzuhängen.« (L. Speidel: ›Götterdämmerung‹ von Richard Wagner. Wiener ›Montagsrevue‹, 24. Februar 1879.)

Hundemäßig. »Sogar Hunde, welche moderne Terzen- und Sextengänge ruhig anhören, fangen jämmerlich zu heulen an, wenn man ihnen die barbarischen Quartengänge der Guidonischen Diaphonien auf der Geige vorspielt. Diese historisch konstatierte Umstimmung des musikalischen Ohres ist in der Tat unbegreiflich. Sie mag uns aber auch ahnen lassen, wie vollends erst mittelalterliche *Hunde* heulen würden, wenn man ihnen etwa Modulationen aus dem ›Tannhäuser‹ vorspielen könnte.« (Riehl, 1860. ›Kulturstudien aus drei Jahrhunderten.‹)

Hundetrab. »Gibt es etwas Idealeres und Anmutigeres, als diesen kurzen *Hundetrab* von Alliterationen? Er herrscht ununterbrochen das ganze viertägige Drama hindurch.« (Ed. Hanslick, Kritik über den Nibelungentext von Richard Wagner; 10. Juli 1863.)

Hungerkur. »Erst im dritten Akte, der die melodische Erzählung Siegfrieds und den wirkungsvollen Trauermarsch bringt, erholten sich die müden Geister der Zuschauer ein wenig von der vorausgegangenen musikalischen *Hungerkur.*« (Ed. Hanslick, Bericht über die erste Aufführung der ›Götterdämmerung‹ in Wien. ›Neue Freie Presse‹ vom 15. Februar 1879.)

Hunnentum. »Die durch Wagner, Rubinstein, Offenbach (merkwürdiges Triumvirat!!) vertretene Richtung in der Musik hat nur durch den Applaus der Emporkömmlinge der Börse und der Konjunktur zu dieser lächerlichen Geltung gelangen können. – Doch steht zu hoffen, daß das wahre Wesen der Kunst und Poesie durch dieses *Hunnentum* keine dauernde Einbuße erleiden und auch der wahre Geschäftsgeist (?) dadurch nicht verloren gehen werde.« (A. Schroot: ›Wissenschaft und Leben‹, 1873.)

Huren-Aquarium. »Opernsänger Vogl, dessen Frau in der Oper ›Rheingold‹ die Partie einer der drei Rheintöchter singt, hat, wie wir dem ›Südd. Telegr.‹ entnehmen, gegen den Redakteur des (Münchener) ›Vaterland‹, welcher das in der ersten Szene dieser Oper vorkommende Innere des Rheins als *H....-Aquarium* zu bezeichnen sich bemüßigt fand, Klage wegen Ehrenbeleidigung seiner Frau erhoben.« (›Signale‹, 1869, Nr. 46.)

Hussiten. »Die Wagnerianer kämpfen allerorten nicht mit Damascenern, sondern mit – Dreschflegeln. *Moderne Hussiten.* Die beste Art, uns ihren alleinseligmachenden Glauben beizubringen.« (›Wiener Musiker-Courier‹, Briefkastennotiz in der Nummer vom 14. Januar 1880.)

Hypnose. »Wir müssen warten, bis wir aus dem Bann des großen Bayreuther *Hypnotiseurs* erlöst sind«, schrieb Max Marschalk in der ›Zukunft‹ vom 3. Dezember 1898. In seiner Besprechung eines Werkes von Oskar Bie las man am 3. Juni 1899: »Bie versteigt sich sogar zu einer höchst ketzerischen Abwendung von der Rauschmusik unserer Zeit; ein neuer Beweis für die langsam aber sicher um sich greifende Reaktion gegen Richard Wagner, für das Erwachen aus der tiefen *Hypnose*, in der die Welt Jahrzehnte hindurch befangen lag.«

Hysterisch. »Die ahnungsvoll schwärmende Senta ist eine ins Wagnersche übersetzte (d. h. *hysterisch* gewordene) Agathe.« (Ed. Hanslick, Rezension über den ›Fliegenden Holländer‹, November 1860. Abgedruckt in der ›Niederrheinischen Musikzeitung‹, 1860, Nr. 47.) – »Anfangs ist das Wagnersche Orchester von überraschender Wirkung, aber allmählich fühlt man den Mangel kunstvoll geordneter Gegensätze. Indem der Komponist immer mit auffallenden und blendenden Farben malt, wird sein Gemälde zuletzt einförmig und ermüdend. Wie die Geigen, so werden endlich auch die Trompeten und Posaunen, denen man dergleichen doch nicht zutrauen sollte, *hysterisch.*« (H. M. Schletterer, 1876.)

I

Insulte. »Wir können die barbarische Roheit dieses neuesten Wagnerausbruchs nicht anders bezeichnen, als eine *Insulte* gegen die erhabene Majestät des Deutschen Kaisers.« (H. Dorn über den ›Kaisermarsch‹, April 1871.)

Invasion. »Nach den Mitteilungen eines Berliner Blattes wäre es wahrscheinlich, daß Richard Wagner sich von Bologna nach Wien begeben wird, um den Proben der ›Walküre‹ beizuwohnen. Hier verlautete bisher nichts von einer nochmaligen *Invasion* Wagners, welcher man im Hofoperntheater nach den gemachten Erfahrungen gewiß nur mit sehr trüben Erwartungen und nicht eben angenehmer Stimmung entgegensehen würde.« (Wiener ›Fremdenblatt‹, 21. November 1876.) – »Das durch die Nibelungen-*Invasion* verursachte musikalisch-dramatische Wellenschlagen fand durch die Vorstellung des ›Lohengrin‹ mit den zur Wagnerschen Tetralogie hierherberufenen Gästen im königl. Opernhause seine Endschaft.« (Rich. Wüerst im Berliner ›Fremdenblatt‹ vom 4. Juni 1881.)

Irrtum. Ferdinand Hiller veröffentlichte 1877 Briefe an eine Ungenannte. In der 40. Epistel heißt es am Schlusse: »Meine tiefinnerste Abneigung gegen eine derartige Dichtung (›Der Ring des Nibelungen‹) ist so unüberwindlich, daß ich, wenn der liebe Gott in eigener Person zu mir käme, um mich eines Besseren zu belehren, ich zu ihm sagen würde: Allen Respekt, lieber Papa, – aber diesmal bist Du im *Irrtum*!«

Irrwahn. »Die Komposition zu ›Rheingold‹ soll doch, man mag es Oper oder Musikdrama oder dramatisches Weihfestspiel nennen, Bühnenmusik sein und als solche ist sie ein *Irrwahn*; ja ein

Irrwahn!« (Friedrich Schmitt in der Wiener ›Coulisse‹ vom 20. Februar 1878.)

J

Jahrmarkt von Saint-Cloud, so nannten die Pariser Orchestermusiker das Divertissement (!) im ›Venusberg‹. (1861.)

Jammergott. In einem Berichte über die Berliner Nibelungenaufführungen (Mai 1881) heißt es: »Wurde doch eines Abends sogar Fürst Bismarck in der ›Walküre‹ erwartet; selbst ihn schien der allgemeine Taumel ergriffen zu haben. Andere behaupten freilich, er habe nur Scaria, mit dem er sehr befreundet, als Wotan hören wollen. Gekommen ist er nicht, was ich ihm persönlich nicht verdenken kann. Den phänomenalen Baß seines Freundes kann er bequemer genießen und braucht diesen selbst nicht in der Rolle solch eines ewig kompromittierenden *Jammergottes*, der halb Gewalttätigkeit, halb Schwäche, mit Pathos aufwattiert ist, zu sehen.« (C. G. in den ›Hamburger Nachrichten‹ vom 28. Mai 1881.)

Jesuitisch. »Pauline Lucca scheinen wir nun wirklich verloren zu haben; allem Anscheine nach aus sicherer Quelle stammt die Hiobspost, nach welcher die gefeierte Künstlerin den nichtswürdigen Intriguen und Mouvements der hiesigen Wagnerclique habe weichen müssen. Dieser *jesuitischen* Koterie, der jedes Mittel recht ist, war die kleine Lucca schon längst um deshalb verhaßt, weil sie sich ihre schöne Stimme nicht an dem Ungesang Wagnerscher Partien, an den Not- und Schmerzenschreien seiner Senta, Venus, Ortrud usw. verderben wollte.« (Berliner ›Montagszeitung‹, 26. August 1872.)

Jude. »Auch soll Wagner, der im Judenviertel Leipzigs geboren ist, dem semitischen Stamm angehören; ein sächsischer Gelehrter ist ernstlich damit beschäftigt, den *jüdischen* Stammbaum des großen musikalischen Agitators nachzuweisen.« (L. Speidel, Wiener ›Fremdenblatt‹ vom 20. August 1876.) Vgl. »Rabbi von Bayreuth«.

Judenbengel. »Wer aber den großen Tonsetzer kennt, der wird es herausfühlen, wie genau dieser arrogante *Judenbengel* sich kennt. Denn, gestehen wir's nur, mit dem Aufsatze: ›Das Judentum in der Musik‹ hat der humoristische Mensch nur eine genaue Charakteristik seiner selbst gegeben.« (›Beobachter an der Spree‹, Berlin, 24. Mai 1869.) – Eine ähnliche, doch zarter gehaltene Andeutung findet sich auch in Albert Hahns Artikel über ›Das Judentum in der Musik‹: »Auch Broschüren verdanken dem unüberlegten Streiche des kleinen Reformators mit der großen, jedenfalls nicht germanischen Nase, ihre Existenz.« (›Tonhalle‹, 1869, Nr. 26.)

Judenschnapper. »Geruhen Sie, unerbittlicher *Judenschnapper*, beiläufig auch einen Blick auf die Oper zu werfen, in der Sie hoffentlich etwas bewanderter sind, als im Schauspiel! Wen erblicken Sie dort als Stern erster Größe, als prima donna di primo cartello: die reizende, alt und jung bezaubernde Jüdin Pauline Lucca, und wenn Sie Ihren judenfressenden Blick auf die Phalanx der deutschen Tenoristen werfen, wen anders erblicken Sie dort an der Spitze, als den Juden Sontheim?« (E. M. Oettinger: ›Offenes Billet-doux an Rich. Wagner.‹ Dresden, 1869.)

Jungen, dumme und grüne. »Wagner hat ein neues Pamphlet herausgegeben, strotzend von Unrichtigkeiten und Ungerechtigkeiten. *Dumme Jungens*, welchen jeder imponiert, der mit einigem Geiste viel ›Impertinenz‹ verbindet, werden es anstaunen.« (Ferd. Hiller, Rezension der Wagnerschen Schrift: ›Über das Dirigieren.‹ ›Kölnische Zeitung‹ vom 15. April 1870.) – »Glauben Sie ja nicht, daß die ›Walküre‹ mehr als einen Spektakelerfolg, daß sie einen ehrlichen, dauerhaften Erfolg errungen habe! Wenn sich erst die *grünen Jungen*, welche ihre armseligen Persönchen im Frondienst des geräuschvollen Zukunftsschwindels zu vergrößern glauben, werden ausgetobt haben und das echte, naive Wiener Publikum die Führung im Opernhause übernehmen wird, dann werden die angeblichen Erfolge der ersten Walkürenabende rasch verblassen und verduften.« (Wittmann, Feuilleton über die Première der ›Walküre‹ in Wien; ›Breslauer Morgenzeitung‹, März 1877.)

K

Kaffeemühlen- und Teekannenmusik. »Die Venusbergmelodie, welche hübsche Motive zu einem Kavalleriemarsch enthält, ist weder über- noch unterirdisch. Eine Galoppade von Labitzki spricht mehr sinnliche Leidenschaft, ungestüme Begehrlichkeit und frivole Lust aus als diese *Kaffeemühlen- und Teekannenmusik.*« (Fr. Hamma: ›Epistel an die Tann- und Tollhäusler‹, im ›Centralorgan der deutschen Bühnen‹, Juli und August 1853.)

Kakophonie. »Überhaupt tritt die Dissonanz so massenhaft im ›Parsifal‹ hervor, daß man Wagner – der dem ernsten Brahms den Doktortitel so sehr mißgönnt – füglich zum Doktor der *Kakophonie* ernennen könnte.« (W. Lübke: ›Bayreuther Nachklänge‹ in der ›Gegenwart‹ vom 11. November 1882.)

Kalb, goldenes. »Die Absicht des akademischen Wagnervereins (Berlin), auch einmal mit Eklat in die Öffentlichkeit zu treten, ist vorläufig zu Wasser geworden. Es war für den 27. Januar ein solennes Bankett projektiert, natürlich nicht, um den auf diesen Tag fallenden Geburtstag des größten Musikgenies aller Völker und Zeiten, Mozarts, zu feiern, sondern um vor seinem *goldenen Kalbe*, Wagner, Götzendienst zu treiben.« (›Echo‹, Berlin 1873, Nr. 4.)

Kantharidenmusik. »Erst wenn es (der Delegiertenversammlung) am 15. und 16. September gelingt, eine gefüllte Kasse und eine fauststarke Claque zu gewinnen, wird das Weitere darüber beschlossen werden, wie in dem jetzt stillen Bayreuth auch im nächsten Jahre Wagners *Kantharidenmusik* zu pflegen sei.« (›Neue Freie Presse‹, 7. Septbr. 77, angeblich Korrespondenz aus München.)

Karikatur. (Bericht aus Stettin in der Musikzeitung ›Echo‹, 2. April 1873.) »Die Flut der Benefizvorstellungen will sich nicht erschöpfen. Nachdem eben erst Lohengrin auf Flügeln des Gesanges wieder zu Glanz und Wonne (d. h. zu seiner überirdischen Heimat, mit welcher der ritterliche Chargé d'affaires des heil. Gral so sehr renommiert) zurückgekehrt, so ist an seiner Stelle schon Mozarts ›Figaro‹ mit der Einladung zu seiner Hochzeit erschienen. Und dieser Einladung entsprach man um so lieber, als diesmal wenigstens auch für die Zuhörer ein ›Benefiz‹ in Aussicht stand, d. h. für diejenigen, denen durch die *Karikatur* der Musik, welcher man in der vorangegangenen, stark mit Blech gefütterten Oper begegnet, noch nicht Sinn und Geschmack für die wahre Kunst abhanden gekommen.«

Kasserollengerassel. »Die sogenannte Zukunftsmusik mit

ihren Effekten, wie sie *Kasserollengerassel* und zusammenstürzendes Porzellan hervorbringen.« (Pariser ›Figaro‹, 1869 nach der ersten Pariser Aufführung des ›Rienzi‹.)

Kasteiung. »Die Aufführung des ›Lohengrin‹ (am 30. Sept. 1867) hatte das Opernhaus bis auf den letzten Platz gefüllt. Die wirkliche Gunst, in der der ›Tannhäuser‹ bei einem großen Teil des Publikums steht, überträgt sich insofern auch auf den ›Lohengrin‹, daß wenigstens einige Aufführungen jährlich Anziehungskraft üben. Im ganzen aber steht dieses Werk mit den *Kasteiungen*, die es dem Hörer in künstlerischer Beziehung auferlegt, den Instinkten der Menge fern.« (G. Engel, ›Vossische Zeitung‹, 2. Oktober 1867.)

Katzengold. »Nur ungern erneuern wir den großen Bayreuther Schmerz, indem wir zum andern Mal das Wort ergreifen über Richard Wagners ›Rheingold‹, das wir schon vor zwei Sommern in den Rhein verwünscht, da wo er am tiefsten ist. Nun aber, da jenes musikalisch-poetische *Katzengold* auch der guten Stadt Wien blüht, sind einige Bemerkungen über die Sache leider nicht von der Hand zu weisen. Wir haben immer das Gefühl, daß man sich verunreinigt, wenn man sich mit Wagners Nibelungen einläßt.« (L. Speidel, Nach der Wiener Rheingoldaufführung, 27. Januar 1878.)

Katzenjammer. »Ich könnte viele Leute nennen, welche nach dem ›Genusse‹ einer Wagnerschen Oper sich eines Gefühles nicht zu erwehren imstande sind, welches sich am zutreffendsten als moralischer *Katzenjammer* bezeichnen läßt.« (Dr. W. Mohr, 1872.) – »Bei Wagners Musik bekimmt aan jeder musikalisch gesonde Mensch aan ferchterliches *lamentum Katzarum*, ßu deutsch *Katzenjammer*.« (Isaak Moses Hersch: ›Herr Richard Wagner, der musikal'sche Struwelpeter‹, 1876.)

Katzenmusik. Höhere *Katzenmusik* findet H. Dorn im ›Tristan‹, übermenschliche bieten nach Truhns Versicherung die ›Meistersinger‹. (›Sporn‹, 1870.) Derselbe schrieb gleichzeitig in der ›Montagszeitung‹: »Eine grauenvollere *Katzenmusik* könnte nicht erzielt werden, als Wagner in seinen ›Meistersingern‹ erreicht, und wenn sämtliche Leiermänner Berlins in den Renzschen Zirkus gesperrt würden, und jeder eine andere Walze drehte.«

Katzenserenade. »Betz als Wolfram macht selbst das Abendsternlied – halb *Katzenserenade*, halb lindpaintnerisch, genießbar.« (Truhn im ›Berliner Figaro‹, 1873.)

Kauder-Bayreuthisch. »Weshalb Gensichen das *Kauder-Bayreuthisch*

›Als Ersatz zu muten dem Mann
Für Weibes Wonne und Wert‹

seinem gut Deutsch geschriebenen Buche als Motto vorangeschickt hat, wird er selber am besten wissen.« (Berliner ›Montagszeitung‹ vom 28. November 1881, Rezension über Gensichens ›Felicia.‹)

Keingold, angeblich der Druckfehler, welcher die Vernichtung des Theaterzettels zur ersten Münchener Aufführung notwendig machte, – dann ein bekannter Kalauer!

Kerl. »Warum muß ich mit diesem *Kerl* in einem Jahrhundert geboren sein!« Stoßseufzer eines Hoftheater-Intendanten, als er die ›Meistersinger‹ aufführen sollte. (1870.)

Kindlich-stammelnd. »Der Versuch Wagners, die Kunst in mittelalterliche Weltanschauungen zurückzuversetzen, hat selbst heute, nach fast zwanzig Jahren, keinen breiten Boden gewonnen. Weder für die mystischen Beziehungen der Handlung, noch für die *kindlich stammelnde* Sprache der Musik hat sich ein großer Kreis von begeisterten Verehrern gefunden. Schwer ist es möglich, bei der Monotonie bloßer deklamatorischer Akzente nicht zu ermüden usw.« (Gustav Engel: Rezension über eine Lohengrinaufführung; ›Vossische Zeitung‹, 2. Oktober 1867.)

Knechte. »Die literarischen Kammer*knechte* des Bayreuther Meisters bemühen sich seit langer Zeit, Johannes Brahms, den geschätzten Symphoniker, kritisch niederzuzerren.« (Oscar Blumenthal im ›Berliner Tageblatt‹ vom 12. August 1882.) – »Die polemische Begabung der Bayreuther *Knechte* zeigte sich auch diesmal in ihrer heitersten Blüte in den telegraphischen Berichten über die Festvorstellungen.« (Max Schütz im ›Pesther Lloyd‹, August 1882.)

Knüppeldamm. Als solchen bezeichnet Schletterer (1876) die alliterierende Form des Stabreimes. Für's Lesen ist er wohl gut (Jordan), für den Gesang taugt er nichts! »Der Stabreim schrumpft entweder zu einem knorrigen Klumpen zusammen, der dem Sänger im Halse stecken bleibt, oder er erweitert sich zu einem umschreibenden Wortmeere, das der Tonsetzer nicht mehr in eine musikalische Form zwingen oder melodisch bewältigen kann.«

Köder, Bayreuther, auf welchen die deutsche Nation nicht in corpore, sondern nur in sehr vereinzelten Exemplaren angebissen hat. (›Neue Berliner Musikzeitung‹, 1874.)

Kohl, Bayreuther. »Ob die 5432 Thlr. 10 Sgr. (Ertrag des Wagnerkonzertes in Berlin) den bayreuther *Kohl* fett machen werden«, darüber zerbrach sich 1873 der ›Echo‹-Redakteur, ich hätte bald gesagt, den Kopf!

Koketterie. »Die F-Dur-Symphonie ward vortrefflich ausgeführt. Herr Kapellmeister Wagner hatte die Direktion derselben übernommen. Es ist die *Koketterie* zu rügen, mit der er stereotyp die Beethovenschen Meisterwerke dirigiert, ohne einen Blick in die Partitur zu tun. Das soll etwas Besonderes sein, heißt aber nichts, als daß Herr Wagner von sich sehr eingenommen ist.« (›Signale‹, 1848, Nr. 18. ›Signale aus Dresden.‹)

Komet. »Nur ein *Komet* und kein Fixstern ist Richard Wagner. Er zieht auch äußerlich einen großen Schweif nach.« (Flodoard Geyer, 1871.) – Diesen »Schweif« bemerkte auch L. Speidel. Derselbe schrieb am 28. Dezember 1878 im Wiener ›Fremdenblatt‹ über die Kantate ›Hakon Jarl‹ von Carl Reinecke: »Der Komponist gehörte bis vor kurzem den Nachzüglern Schumanns an. Nunmehr steht auch er im *Kometenschweif* Richard Wagners und arbeitet in unendlicher, ein guter Druckfehler wäre in ›unredlicher‹ Melodie.«

Komödien. »Flugs wurden Unterhandlungen mit Bayreuth angezettelt und der dortige Tonmeister gab, durch ein wohlklingendes Handgeld zu menschlichem Rühren gebracht, alsbald seine oberhoheitliche Zustimmung zur Aufführung seiner *Fisch-*, *Zwerg-*, *Riesen-* und *Götterkomödien.*« (›Echo‹, 1878, Nr. 29 und 30. Korrespondenz aus Köln, betreffend die Vorbereitungen zur Ausführung des Nibelungen.)

Konglomerat. »Um es ein für alle Mal offen bekannt zu haben: Wer den ›Siegfried‹ für mehr hält als ein fünfstündiges *Konglomerat* von im wesentlichen aus ›Rheingold‹ und ›Siegfried‹ zusammengeschweißten Anklängen, für dessen Urteilsklarheit und Aufrichtigkeit ist uns bange. Beklagenswertes 19. Jahrhundert, wenn wirklich ›Siegfried‹ dein dir vom musikalischen

Drama vorschwebendes Ideal erreicht haben sollte.« (Bernhard Vogel, ›Leipziger Nachrichten‹, 23. September 1878.)

Kunstnichts. »Wie es bei Wagner in den Akkorden herumfaselt, ebenso auch im Metrischen; könnte man nur solche Absurditäten auf eine andere sichtbare oder handgreifliche Weise darstellen, das *Kunstnichts* müßte auch den Borniertesten offenbar werden bei diesem Gebahren.« (Moritz Hauptmann in einem Briefe an Otto Jahn, veröffentlicht 1870.)

Kuriosum. »Der ›Lohengrin‹ ist, als konsequente Durchführung eines wenn auch falschen Prinzips, gewissermaßen literarhistorisch interessanter als der ›Tannhäuser‹. Er hat den Wert eines *Kuriosums*, und dies ist wenigstens für den Kritiker etwas.« (G. Engel in der ›Niederrheinischen Musikzeitung‹ 1859.)

L

Landplage. »Ludwig der Alte (König Ludwig I. von Bayern) brachte der Welt die Lola (Montez) als *Landplage*, Ludwig der Junge (Ludwig II.) überzieht Europa mit Wagners Musik, und ich weiß nicht, was am schlimmsten.« (Hans Wachenhusen im ›Hausfreund‹, 1869, Nr. 14.)

Langhaarig. Eduard Hanslick schrieb 1861 über Tausigs Orchesterkonzerte in Wien: »Herr Tausig ist einer der jüngsten von den blassen, *haarumflatterten* Jünglingen, welche für die Zukunftsmusik wirken und in Mußestunden auch derlei selbst verfertigen.« (Hat Tausig je langes Haar getragen?) – »Nimmt man noch das besondere Talent der Juden hinzu, schon auf drei Schritt weit jeden Schwindel zu erkennen, und die jüdische Vorsicht, sich immer erst die Faiseurs von oben bis unten anzusehen, die einen neuen Humbug in die Mode bringen wollen, in unserem Falle die Jünglinge mit den *langen Zukunftshaaren*, so erscheint es geradezu bei Wagner wie Blindheit, daß er das Motiv der ihn verfolgenden Gegnerschaft nicht dort sucht, wo es allein zu finden ist: in dem treuen Sinn der Juden für alles Anerkannte und Bewährte.« (Karl Gutzkow: ›Über das Judentum in der Musik‹, ›Gartenlaube‹, 1869, Nr. 20.) Derselbe Schriftsteller schrieb sieben Jahre später in seinem Roman ›Die neuen Serapionsbrüder‹: »Erst begleiteten zuweilen Klavierspieler die Vorträge einer Mazeppajagd, wo die Brennicke und der *langhaarige* Zukünftler etwas in sich Harmonisches vortragen wollten, der ruhiger Prüfende aber nichts Gehauenes und Gestochenes fand.« – Ludwig Pietsch entdeckte 1871 in dem großen Wagnerkonzerte am 5. Mai *haarbuschige* Streiter, die unter dem Panier des alleinseligmachenden Wagner kämpfen. – Nach den Berichten des italienischen Kritikers Filippi (1870) tragen die Wagnerianer *lange*, ziemlich zerzauste Haare. (Filippi: ›Musica e Musicisti‹.) In Deutschland kann er die nötigen Studien schwerlich gemacht haben, denn bei uns ist es kaum noch üblich, überhaupt Haare zu besitzen.

Langweilig. Eins der beliebtesten Schlagworte im Kampfe gegen Wagner, und eins der ältesten. Vor 60 Jahren wurde es zum ersten Male gebraucht. Nach der ersten Aufführung des ›Fliegenden Holländer‹ (Dresden, 2. Januar 1843) brachten die ›Signale‹ in der vierten Nummer ihres allerersten Jahrganges folgende Notiz: »Auch die zweite Oper Richard Wagners hat bei ihrer Aufführung in Dresden Furore gemacht. Uns schreibt Jemand, sie sei das *Langweiligste*, was ihm je vorgekommen.« – In der ›Deutschen Allgemeinen Zeitung‹ (1845) hatte Jemand darauf hingewiesen, daß Wagner durch den ›Tannhäuser‹, der in Dresden am 19. Oktober 1845 seine Erstaufführung erlebte, die Oper auf eine Höhe erhoben habe, die ihre bisherigen Erscheinungsformen übertreffe, darauf antwortete Jemand: »Gott bewahre uns vor dieser Höhe! Es ist da oben so öde und so kalt, daß, wer die *Langeweile* bis zu ihr hinauf glücklich überwindet, sicher nicht lange auf ihr dauern kann.« – Die Doppelnummer der ›Allgemeinen Wiener Musikzeitung‹ (Nr. 130 u. 131, vom 30. Oktober und 1. November 1845) enthält eine Korrespondenz aus Dresden, Tannhäuser betreffend; darin heißt es: »Am 19. Oktober sahen wir zum ersten Male die neue, dreiaktige, große, romantische Oper von Richard Wagner. Die mise-enscène soll dem Vernehmen nach 8000 Taler kosten. Das allgemeine Urteil zählt den ›Tannhäuser‹ zu dem einzig unerlaubten und unstatthaften Genre, dem *langweiligen*.« (W. J. S. E. also Dr. J. Schladebach.) – Nach den Tannhäuseraufführungen in Paris schrieb der ›Konstitutionnel‹: »Der Tannhäuser wurde ausgepfiffen, weil man ihn sehr *langweilig*, unklar, weitschweifig, unmelodisch und antimusikalisch fand.« (Mitgeteilt in den ›Signalen‹ vom 18. April 1861.) – Zu derselben Zeit »fand« ein Deutscher, Herr Selmar Bagge, und zwar »auf das Entschiedenste«, daß beide Werke, der ›Tannhäuser‹ sowohl als der ›Lohengrin‹ in ihrer Totalität *langweilig* seien. – »Die Fanatiker versichern, daß diese vier Dramen durchaus Meisterstücke sind. Ich bekenne demütig, daß ich sie vom theatralischen Standpunkte aus fürchterlich *langweilig* finde.« (Albert Wolff im Pariser ›Figaro‹, 1876, über die Festspiele in Bayreuth.) – »Die entsetzlichste *Langeweile*, gepaart mit dem Gefühle physischer Qual«, darin besteht nach Wüersts Meinung vornehmlich die Wirkung der ›Meistersinger‹. (Berlin, 1870.) – Mit dreigestrichener *Langeweile* sind die ›Meistersinger‹ gesättigt, behauptet Koßmaly, und der ›Berliner Theater-Diener‹ versicherte durch seinen Referenten Truhn: »Die kolossalste und gediegenste (!) *Langeweile*, welche bis jetzt auf dem Gebiete des musikalischen Dramas erreicht worden ist, erregen die ›Meistersinger‹.« Aus dem Jahre 1861 ist folgender Ausspruch von E. Bernsdorf merkwürdig: »Was ›Tristan und Isolde‹ und das ›Rheingold‹ anbelangt, so müssen wir von Musik als ›schöner‹ Kunst durchaus absehen und uns nur mit spiritualistischen Intentionen und tödlich *langweiligen* und abspannenden musikalischen Deklamationen begnügen, die vom Orchester in wahrhaft entsetzlicher Geschraubtheit illustriert werden.« – Die ›Berliner Konzertzeitung‹ schilderte 1876 ›Tristan und Isolde‹ als ein Meisterwerk, welches den Sänger vernichtet und das Publikum *langweilt*.

Die Eva ist wirklich *langweilig*; Hans Sachs ist ein schmählich *langweiliger* Kerl. (›Echo‹, 1870.) – »Das Drama der Zukunft ist für die Gegenwart ein Drama der *Langweile* geworden. Endlosere, ermüdendere, gleichgültige, Bekanntes immer wiederkäuendere (!) Schwätzer hat die Bühne nie gesehen als im ›Ring des Nibelungen‹.« (H. M. Schletterer, ›Richard Wagners Bühnenfestspiel‹, 1876.) – »Auch jetzt noch will uns die Partitur des ›Lohengrin‹ als ein Abgrund der *Langeweile* erscheinen, dessen gähnende Öde nur durch die eben so spannend vorbereitete, wie sich wirksam steigernde Einführung des Helden, den anmutigen Brautchor, die farbenreiche Erzählung von den Mysterien des Graal und einige andere Einzelheiten freundlicher unterbrochen wird. Ein Element, das in den späteren Arbeiten des Dichterkomponisten doch wesentlich zurücktritt, die redselige Trivialität, dehnt sich im ›Lohengrin‹ zu endloser Breite aus, namentlich der zweite Akt ist davon fast ganz beherrscht und erfüllt.« (O. Gumprecht; ›National-Zeitung‹ vom 19. September 1876!) – Wittmann von der ›Neuen Freien Presse‹ schrieb in seiner Eigenschaft als Feuilletonist der ›Breslauer Morgenzeitung‹ am 15. März 1877 über die ›Walküre‹ in Wien: »So hätte sich denn die majestätische *Langeweile* der Nibelungen-Trilogie wie ein dicker, stinkender Nebel auch über unser Opernhaus gelagert, voraussichtlich nicht auf allzu lange Zeit.« – »Der unbefangene Eindruck der Oper war bei Allen aufrichtig doch vorwiegend der einer skandalösen *Langeweile.*« (L. Speidel über die erste Wiener Siegfriedaufführung. Wiener ›Fremdenblatt‹ vom 10. November 1878.) – »Sagen wir es gerade heraus: das Werk ist eine dreiaktige Folterbank der *Langenweile*«, so schrieb Gumprecht in der ›National-Zeitung‹ vom 10. Mai 1881 nach der ersten Aufführung des ›Siegfried‹ im Berliner Viktoria-Theater. – »Durch anderweitige kritische Obliegenheiten in Anspruch genommen, konnten wir das Auftreten König Marke's, seine trostlose Psalmodie am Schluß des zweiten Aktes, jene ihren Gegenstand gründlich erschöpfende Definition der *Langeweile* nicht mehr abwarten.« (Otto Gumprecht, Kritik über ›Tristan und Isolde‹, ›National-Zeitung‹, 30. November 1881.) – Humorlose *Langeweile* entdeckte Reinhold Begas in Wagners Schöpfungen: »Nach den Siegen von 1870–71 wurde eine neue Kunst etabliert. Wagner in seiner den Corneliuskartons ähnlichen humorlosen *Langeweile* beherrschte die Welt.« (›Zukunft‹, 1894. Band VI, Nr. 79.*) – »›Die Meistersinger‹ kann ich auch nicht leiden!« gestand unsere frühere »Diva« Pauline Lucca einem Aushorcher und fügte dann hinzu: »Wagner wird einmal alle tot machen, wenn die Wagnerianer nicht mehr sein werden. Die allein sind schuld daran, wenn er noch nicht allgemein durchgedrungen ist. (Eine überraschende Entdeckung!) Wagner hat wunderschöne, herrliche Stellen, aber dann wieder ganze Strecken von schrecklichster *Langweiligkeit.* Die müssen fort! Man kann nicht vom Publikum verlangen, daß es sich zu Tode langweilt.« (Sehr richtig!)

Laster. »Wagner hat mit sich selbst gebrochen. Von einem Rhythmus, dem Repräsentanten musikalischer Ordnung, ist keine Rede mehr. – Dissonanzen zerschmelzen in Dissonanzen, nirgends Ruhe und Ordnung, Gesetz: Alle *Laster* walten frei! Wagner ist ein Feind allen Wohlklanges usw.« (J. J. Abert, ›Tristan und Isolde, eine musikgeschichtliche Skizze der Gegenwart‹ in: ›Über Land und Meer‹, Juli 1865.)

Laubfroschweis', grüne; so taufte ein Berichterstatter das Lenz-

* Im VII. Bande steht eine Art Berichtigung. Der Herausgeber Harden erzählt: es sei leider ein Zwischensatz ausgefallen, der – in gewissen Grenzen – der Bewunderung des Bildhauers für den großen Schöpfer der Nibelungen Ausdruck gab. Mitgeteilt hat Herr Harden diesen Satz nicht.

und Liebeslied Walthers im ersten Akte der ›Meistersinger‹. (›Montagszeitung‹.)

Leder. Eine Aufführung des Oratoriums ›Die Sündflut‹ von Saint-Saëns inspirierte den Wiener Scharfrichter Speidel zu folgenden Invectiven gegen Wagner: »Der erzählende Teil des Oratoriums bewegt sich zwischen Recitativ und Arioso und erinnert, von der Harfe begleitet, an das musikalische *Leder* des Sängerkampfes auf der Wartburg. Überhaupt ist Wagnerscher Einfluß nicht zu verkennen, weder in der Melodiebildung, noch in der Orchesterbehandlung. Wenn die Valeriana, das Katzenkraut, blüht, geht durch die ganze Natur der widerwärtigste Mißduft, der sich sogar an die Kleider hängt.« (Wiener ›Fremdenblatt‹, 5. März 1879.)

Ledern und höchst unglücklich ist der Wagnersche Schluß zu Glucks Iphigenien-Ouvertüre. Diese Entdeckung machte Ed. Bernsdorf im Jahre 1872. Robert Lienau, Herausgeber des Berliner ›Echo‹, moquierte sich 1870 über »die so gerühmten philosophisch reflektierend musikalischen Ergüsse des *ledernen* Hans Sachs.«

Lederstrumpf. »Die Meistersinger mögen an Laienohren immerhin noch als merkwürdige Käuze passieren. Aber nun gar ›Tristan und Isolde‹, das kleine niedliche Opus, in welchem sich Einzelrecitative halbstündlich ablösen, und die vierwöchentlichen – nein die viertägigen ›Nibelungen‹ und der ›Parsifal‹, dieser – man nehme es einem offenherzigen Laien nicht übel – dieser in Musik gesetzte *Lederstrumpf.*« (A. v. Wenckstern: ›Viktor Neßler und die moderne Kapellmeistermusik. Betrachtungen eines Laien.‹ ›Deutsche Musiker-Zeitung‹, Berlin, 28. August 1886.)

Lehrbube. »Im ›Lohengrin‹ hat Wagner als Meister angefangen und in den ›Nibelungen‹ als *Lehrbube* geschlossen.« (Ludwig Bauer, Lyriker in Augsburg, 1889 mitgeteilt von Kistler.)

Leinewandwebergesicht, sächsisches. Nach der ersten Meistersingeraufführung in München, 21. Juni 1868, in welcher sich Wagner von der königlichen Loge aus für den Beifall bedankte, brachte die Berliner Musikzeitung ›Echo‹ (am 8. Juli) nachstehende Notiz: »In München zirkuliert jetzt eine Karikatur. Sie zeigt eine prachtvolle Theaterloge mit fürstlichen Emblemen; der eine Insasse, jugendlich-aristokratisch, der andere, ein plebejisches, *sächsisches Leinewandwebergesicht,* beide streiten sich um den Platz an der Brüstung, die Menge klatscht Beifall. Die Unterschrift lautet: ›Es soll der König mit dem Sänger gehen‹.«

Leisten. »Und wie Pogner, so Kothner, so Beckmesser, so Hans Sachs und all die übrigen Großen und Kleinen, wenn sie nicht Lieder (also nicht ihr eigenes Gefühl) vortragen, so singen sie sämtlich über denselben Wagnerschen *Leisten*, auf welchem bekanntlich Arbeit in sehr verschiedener Qualität geliefert wird, von dem Gipfel herzgewinnender Schönheit herab durch das Medium hochtrabender Langeweile bis zum Abgrund sinnverwirrender Scheußlichkeit.« (H. Dorn: ›Die Meistersinger von Nürnberg‹, 1870.)

Leviathan. »Einen ähnlichen, im Urschlamm sich wälzenden *Leviathan* von Accompagnement wie den der zweiten Szene (›Walküre‹, 2. Akt) würde man selbst in der Triasperiode für Geld haben sehen lassen können.« (H. M. Schletterer: ›Rich. Wagners Bühnenfestspiel‹, 1876.)

Liebesqualm. »Wer sich einmal am Gaukelspiel des ›Nibelungenringes‹ sattgesehen und von dem unnatürlichen *Liebesqualme* desselben hat anräuchern lassen, der wird nach Wiederholung dieser ungesunden Kost und Luft kein besonderes Verlangen tragen.« (H. M. Schletterer, 1876.)

Liebessiech und mannestoll. »Ganz schlimm aber ist Eva, eine von den bei Wagner epidemischen Heldinnen, *liebessiech und mannestoll*, dem Auserkorenen mit offenen Armen entgegenstürzend, von krankhafter Brunst getrieben, so daß man sich immer aufs neue verwundert fragt, an welchen Modellen der Autor wohl seine Studien zu diesen Musterjungfrauen gemacht hat. Es sind häßliche Karikaturen von Shakespeares Julie und Goethes Gretchen.« (W. Lübke, ›Neue Freie Presse‹ vom 5. März 1869, Bericht über die Meistersingeraufführung in Karlsruhe.)

Likör. Einen dramatischen *Likör* nennt H. M. Schletterer in der ›Wiener Abendpost‹ (1875, Nr. 215) den Vergessenheitstrank, welchen Siegfried von Gutrune empfängt.

Lindwurmgebrüll. Der Wiener ›Musiker-Courier‹ schrieb am 9. Dezember 1879 über eine Aufführung des ›Johann von Paris‹ folgendes: »Die vor mehr denn 60 Jahren hier (in Wien) zum ersten Male aufgeführte Oper hat heute, im Zeitalter der

›Wigalawaia‹-Musik und der wonniglich wabernden Lohe, viel von ihrem ursprünglichen Reize für die damals noch nicht auf das Schmettern der Posaunen und obligates *Lindwurmgebrüll* so gut dressierten Ohren des Publikums eingebüßt. Im Opernhause sind unsere patentierten einbruchsicheren Trommelfelle für die verständnisvolle Aufnahme einer lieblichen Romanze, eines graziösen zärtlichen Duettes selten geeignet.«

Litanei. »Die innere Haltlosigkeit und Erfindungsarmut dieser ewig deklamatorischen *Litanei.*« (So urteilte Klein 1858 über die Partie des Tannhäuser, als Tichatschek in Berlin gastierte.)

Lohgerber. Die Leipziger ›Signale‹ meldeten in Nr. 5 des Jahrganges 1856, man habe der Redaktion aus Hannover geschrieben: »Ihre Notiz von dem unerhört durchschlagenden Erfolge des ›Lohengrin‹ (der hier *Lohgerber* genannt wird) ist nur von der ›Norddeutschen Zeitung‹ bestätigt worden, sonst weiß man im Publikum nichts davon. Die Oper ist nur dreimal mit Not gegeben worden und seit Wochen nicht wieder gewesen.«

Lüsternheit. Die Entdeckung dieser bedenklichen Eigenschaft des ›Parsifal‹ verdanken wir Heinrich Ehrlich in Berlin. Er glaubt sie im zweiten Akte bemerkt zu haben. Sein Bericht für die Zeitschrift ›Über Land und Meer‹ (1882) enthält folgende Behauptung: »Den zweiten Akt, besonders die Szene, wo die Mädchen sich um die Gunst Parsifals bewerben, darf niemand verteidigen, dem ein Schatten des Bewußtseins innewohnt vom Unterschied zwischen sinnlicher Leidenschaft und überfeinerter *Lüsternheit.*« Hierher gehört auch eine Kraftstelle aus Dr. Sigls ›Bayerischem Vaterland‹ vom 18. Februar 1883: »Das hiesige (Münchener) Hoftheater will am Dienstag (20. Febr.) eine Gedächtnisfeier für Richard Wagner veranstalten und soll dazu – ›Tristan und Isolde‹ in Aussicht genommen haben. Diese Oper voll wiehernder *Lüsternheit*, Unzucht und Ehebruch als Totenfeier – der Gedanke ist verwünscht – gescheidt.« – *Wollüstige* Gemeinheit fand schon der Verfasser des 1846 erschienenen Buches: ›Dresden und die Dresdener‹ im ›Tannhäuser‹. Hier überrascht folgende Stelle: »Tannhäuser, diese *wollüstig* gemeinste Musik, die mir je vorgekommen, die dann in ihrer musikalischen Wertlosigkeit und reflektierenden Langweiligkeit selbst viele seiner bisherigen Anhänger über das Maß seiner Schöpferkraft aufgeklärt hat.« – Den ›Epilog‹ der ›Grenzboten‹ zum ›Parsifal‹ (26. Oktober 1882) könnte Ehrlich geschrieben haben, er verdammt ebenfalls den zweiten Akt: »Der zweite Akt tut nach dem ersten eine geradezu widerwärtige und verletzende Wirkung. Erst das rohe Geplärr, in welchem Klingsor und Kundry ihre Klagen ausströmen, – dann aufdringlich *lüsternes* Weibsvolk, das, von unreiner Brunst erfüllt, sich um einen jungen, strammen Burschen streitet.«

M

Machwerk, liederliches. »Man betrachte den stümperhaften Aufbau des Ganzen, den niederträchtigen Geist, der es durchwaltet, die Verblasenheit (sic!) der Gestalten und noch zuletzt diese verlotterte Sprache – und frage sich, ob an (ein) geistig und technisch so liederliches *Machwerk* der Name ›Dichtung‹ zu verschwenden sei?« (L. Speidel, Wiener ›Fremdenblatt‹, 15. Oktober 1876. Schlußwort über die Aufführungen in Bayreuth.)

Magus von Bayreuth. »Frau Materna hat sich in der letzten Zeit ganz dem *Magus von Bayreuth* gewidmet. Nun gibt es nichts Entgegengesetzteres, als die Wagnersche Manier und den Mozartschen Stil. Bei Wagner alles zerstückt, der Gesang von Moment zu Moment an den Sinn des einzelnen Wortes verloren; bei Mozart der lautere Fluß, der Gesang« usw. (Speidel, Wiener ›Fremdenblatt‹, 8. Oktober 1878, Bericht über Frau Materna als »Donna Anna«.)

Maikäfer. In Pechts ›Deutsche Künstler des 19. Jahrhunderts‹ wird von dem Maler Schwind, der mit seiner Neigung für Mozart und der Freundschaft für Franz Lachner einen grimmigen Haß gegen Wagner verband, folgende Anekdote erzählt: »Ein unvorsichtiger Enthusiast sprach ihn nach einer Tristanaufführung beim Verlassen des Theaters mit den Worten an: ›Ach, Herr Professor, ist das nicht herrlich, weht einem nicht die reinste Frühlingsluft aus dieser Musik entgegen?‹ ›Ja wohl‹, antwortete Schwind grimmig, ›war es mir doch den ganzen Abend, als spüre ich einen *Maikäfer* in der Hose‹.«

Maikäferschachtel. »Die Ouvertüre (zum ›Lohengrin‹), diese gefüllte *Maikäferschachtel*, ist natürlich unberührt geblieben.« (Speidel im Wiener ›Fremdenblatt‹ nach der Wiener Lohengrinaufführung im Dezember 1875.)

Malice. »Charles Lamb sagte einmal: obgleich eines Zimmermanns Hammerschlag ihn bis zur Verzweiflung der Hundstage ärgerte, so wäre das nichts gegen die abgemessene *Malice* der Musik. Wie würde der sanfte Elia vor der ungemessenen *Malice* des ›Kaisermarsches‹ geflohen sein! In der Tat, einige Menschen verstopften sich die Ohren, unfähig ohne Schmerz den Lärm zu ertragen, welcher, nur durch einen vereinsamten Versuch von Sanftheit und Schönheit gelindert, sich reckte und streckte bis zum Krach des jüngsten Gerichts oder zur Erschöpfung der Lärmerzeuger.« (›Daily Telegraph‹, London, 5. Juni 1880, Bericht über das Richterkonzert vom 3. Juni 1880, in welchem der ›Kaisermarsch‹ von Wagner gespielt worden war.)

Mamelucken. »Umtobt und umkreist von seinen *Mamelucken* hält der alte Hexenmeister aus Bayreuth seinen Rundgang im Norden Deutschlands, um diesem die noch verborgenen Sagen (?) seiner Werke zu erschließen und seine Gläubigen durch Erteilung eines viertägigen Ablasses zu Patronatscheinheiligen zu machen. ›Sobald das Geld im Kasten klingt, sobald die Seele ins Kunstwerk der Zukunft eindringt.‹ Wohl erhebt ein alter, biederer Hebräer seine Stimme, um sein Volk zu warnen vor dem Gojim, der beschimpft hat alle Stämme Israels, aber seine Stimme verhallt.« (›Signale‹, Monatschronik des Januar 1873.) – »Der alte, biedere Hebräer« hieß Jakob Türkheim, er veröffentlichte im Januar 1873 durch die ›Hamburger Nachrichten‹ folgenden Aufruf: »Israeliten! Richard Wagner ist hier, um seine Kompositionen unter seiner Leitung zur Geltung zu bringen. Richard Wagner ist der Verfasser der Broschüre: ›Das Judentum in der Musik.‹ Israeliten, macht euch würdig des Namens Israel, kämpft in euch nieder das Verlangen, diesen Aufführungen beizuwohnen, zeigt, daß ihr Selbstgefühl besitzt, mehr Selbstgefühl, als eure Glaubensgenossen in der Metropole!«

Marat. »Wenn Berlioz der Robespierre der Musik ist, so ist Wagner der musikalische *Marat.*« (B. Jouvin, 1860.)

Marder. »Man klopft bei Ignaz Brüll an: er ist nicht zu Hause; aber man findet bei ihm mehr oder minder gute Gesellschaft, wie zum Beispiel Mozart, Auber, Verdi, Meyerbeer, Gounod, Jakob Offenbach und – Richard Wagner. Ja, Richard Wagner, denn auch schon in den Taubenschlag der Brüllschen Musik ist der *Marder* eingebrochen.« (L. Speidel im Wiener ›Fremdenblatt‹ vom 6. Oktober 1877. Rezension über Brülls Oper ›Der Landfriede.‹)

Markthelfer. »Wäre Richard Wagner wirklich der ursprüngliche Genius, der die prometheische Fackel schwingende Himmelsbote der Oper und Musik überhaupt, warum bedurfte er dann von Anfang dieser lauten, ihn ausschreienden *Markthelfer* und Prinzipienreiter, welche im Schweiße ihres Angesichts sich abmühen und heiser schreien, dem Publikum zu erklären, auseinander zu setzen, einzupauken, welch ein Opernkomponist Richard Wagner ist?« (›Richard Wagner und Jakob Offenbach‹; Altona, 1871.)

Marpingen*. »Durch die Wendung, daß Parcival (!) ›zunächst‹ nur für Bayreuth bestimmt ist, scheint hervorzugehen, daß er später, genau wie der Nibelungenring, auch andern Opernbühnen in Gnaden überlassen werden soll, so daß geduldige Leute die Reisespesen nach dem bayrischen Musik-*Marpingen* füglich werden sparen können.« (›Berliner Tageblatt‹, 27. März 1881.)

Marsyas. »Wie wir hören, liegen die Wagnersänger keuchend und entkräftet darnieder. Die herbeigerufenen Ärzte schütteln bedenklich das Haupt. Die todkranken Sänger stammeln zu Apoll hinauf die Bitte, er möge ihr Rächer sein. Der Sangesgott befindet sich in höchster Aufregung und soll dem kühnen Nebenbuhler ein drohendes Telegramm vom Olymp herab zugesandt haben, des kurzen, aber bedeutungsvollen Inhalts: ›Freue Dich, *Marsyas*! wenn ich Dich erwische!‹« (Fr. Tietz über die Berliner Tristanaufführung; ›Breslauer Zeitung‹ vom 26. März 1876.) – »Das ganze Bühnenweihfestspiel gemahnt uns wie eine unfreiwillige Parodie auf das unvergängliche Epos Wolframs. Derbe Unflätigkeit und bombastischer Schwulst, das sind die Pole, um die sich die Muse Wagners bewegt. Aber man hat ihm die Laureole des Dichters verliehen; findet sich denn kein Apoll für diesen *Marsyas*?« (Friedrich Rüffer, ›Leipziger Nachrichten‹, 10. Februar 1878.) – Die Schlußstrophe eines Gedichts von Bauernfeld (›Ode an Apoll‹?) lautet:

Der den Python du getötet,
Würdest auch bereit dich finden,

* Marpingen, ein Dorf im Regierungsbezirk Trier, 1876 oft genannt, weil die Jungfrau Maria dort erschienen sein sollte. Das Wunder entpuppte sich später als Schwindel.

Dort in Bayreuth den vertrackten
Neuen *Marsyas* zu schinden.

(Berliner Musikzeitung ›Echo‹, 5. Dezember 1878.)

Massenbalgerei. »Es handelt sich hier durchaus nicht etwa um so erhabene Dinge wie bei der musikalischen *Massenbalgerei* der ›Nibelungen‹. Es soll hier weder die griechische Tragödie wiedergeboren noch das Rätsel des Weltenseins gelöst werden.« (Oskar Blumenthal: ›Das Salzburger Musikfest.‹ ›Berliner Tageblatt‹ vom 20. Juli 1877.)

Maus. »Hätte die gute Kritik zu der neuen Propaganda nicht schon viel zu lange vornehm geschwiegen, es wäre aus der *Maus* nicht der Elefant geworden.« (L. Rellstab, Berlin, 1857?)

Méchant. »Gegen Mozart gehalten ist Wagner nur »un *méchant* petit homme de talent.« (Albert Wolff im Pariser ›Figaro‹, 1879.)

Medusenhaupt. »Tous sont paralysés par cette *tête de Méduse* qui leur sert d'objectif: celle de Richard Wagner.« So behauptet Jacques Offenbach von den jüngeren französischen Komponisten. (Journal ›Paris-Murcie‹, Nro. unique. Dezember 1879. Paris.)

Megatherion. »Mit Ausnahme der wenigen Intransigenten sind wohl alle darüber einig, daß eine etwaige Lebensfähigkeit dieses *Megatherion* nur durch eine etwa 50 Prozent betragende Gliederamputation erreicht werden könnte.« (Max Steuer [ungenannt] in der ›Berliner Börsenzeitung‹ vom 29. November 1881, Rezension über die Aufführung des ›Tristan‹ am Tage vorher.)

Mendelssohniaden. »Die Fragmente aus Richard Wagners ›Walküre‹ wurden vorzüglich ausgeführt und sehr günstig aufgenommen. Dieser Beifall war nichts anderes als ein Gruß, mit dem das Publikum die bekannten Mendelssohnschen Anklänge, die in dem Werke unverkennbar und nicht gerade spärlich herantreten, beehrte. Sind diese auch nur verwässerte *Mendelssohniaden*, – was tuts, das Publikum liebt eben seinen Mendelssohn und begrüßt ihn, wo es ihm begegnet, selbst in einem Wagnerschen Werke, mit herzlicher Freude.« (Emil Breslaur in seinem Berichte über ein Bilsekonzert. Berlin, Oktober 1876.) – Das Bestreben, Verdienste Wagners auf Mendelssohn zurückzuführen, zeigte sich schon ziemlich früh. Nach den ersten

Tannhäuseraufführungen (1845) rektifizierte W. J. S. E. (Schladebach) eine Notiz der ›Leipziger politischen Zeitung‹, in welcher behauptet wurde, Wagner habe durch zeitweise Teilung der beiden Violinpartien in 4 und 8 verschiedene Teile einen neuen und schönen Effekt erreicht. Der Nörgler bemerkte, Mendelssohn hätte diese Teilung schon 20 Jahre früher angewendet. – Über den ›Hochzeitsmarsch mit Chören‹ (im ›Lohengrin‹) schrieb P. Scudo 1860: »La marche est d'un bon caractère, bien que l'idée musicale sur laquelle elle repose appartienne à Mendelssohn, comme on peut s'en convaincre en consultant la marche du Songe d'une nuit d'été.«

Méprisable Bavarois, der verabscheuenswerte Bayer. So wurde R. Wagner im März 1875 von einem Lyoner Journalisten genannt. (Der Dirigent des Concert populaire hatte den ›Hochzeitsmarsch‹ aus ›Lohengrin‹ ins Programm aufgenommen. Darob großer Skandal in den Blättern, Lärm am Abend, so daß die Pièce abgesetzt werden mußte.) – »L'homme (Wagner) est *méprisable* à tous égards, je le sais bien, mais l'artiste commande le respect, c'est certain.« (Albert Wolff im Pariser ›Figaro‹ vom 3. März 1882.)

Mischmasch. »In den Streichinstrumenten regt sichs wie Windesflüstern im nächtlichen Wald, im Baß wälzt sich das Drachenmotiv, dazwischen klingen, chromatisch abwärts flackernd, Loges knisternde Weisen. Aus dem *Mischmasch* dieser effektvollen Klänge sollen wir herauserkennen, daß Mime anfängt, sich zu fürchten und daß es ihn gruselt.« (H. M. Schletterer: ›Richard Wagners Bühnenfestspiel.‹ 1876.)

Mißgeburt. »Wagner bemüht sich bekanntlich, die historisch berechtigten und wohl berechneten Facta Rezitativ und Kantabile in eins zu verschmelzen und einen einheitlichen Stil herzustellen, und was wird daraus? Eine *Mißgeburt* – nicht Fisch noch Fleisch – ein Rezitativ, das Kantabile, ein Kantabile, das Rezitativ sein will – ein Arioso – etwas, das alles sein will und nichts ist, als spezifische Wagnersche Zukunftsmusik.« (›Deutsche Musikzeitung‹, Wien, 5. Mai 1860.)

Mißgriff. »Am 20. August (1858) folgte, aufs Sorgfältigste einstudiert und inszeniert, ›Lohengrin‹ von Wagner, ein Ereignis für das Wiener Kunstleben. Diese Oper hat es nirgends zu einem dauernden Erfolge gebracht und mußte überall ihrem Bruder ›Tannhäuser‹ weichen. Es fehlt in ihr nicht an Lichtpunkten einer hohen Konzeption; diese werden aber total begraben von dem Gefühl des Unbehagens und der langen Weile, welche die überaus lange und monotone fast durchgehends rezitativische Form und der gänzliche Mangel an Melodik bieten, zumal der letztere Faktor ein Erfordernis ist, ohne das in Wien kein musikalisches Werk Glück machen wird. Es ist ein *Mißgriff*, daß man den ›Lohengrin‹ überhaupt, daß man ihn vor dem ›Tannhäuser‹ gebracht hat.« (›Echo‹, Berlin, 29. August 1858.)

Mißklang. »Auf Mozarts Fahne prangt die Devise: Wohlklang und künstlerische Veredlung der Wirklichkeit; auf der Wagners dagegen: *Mißklang* und krasser Realismus.« (Rich. Wüerst im Berliner ›Fremdenblatt‹, April 1870.)

Misthaufen. »Wir protestieren dagegen als eine Schande für die Bühne und für Jene, welche die Aufführung genehmigten. Die schöne Musik umgibt den Text, wie Blumen einen *Misthaufen.*« (›Daily Telegraph‹ über die Aufführung der ›Walküre‹ in London, Mai 1882.)

Modeteufel. »Lilli Lehmann ist geradezu Stütze und Hort des Klassizismus in Berlin. Hier sang sie nie eine Note Wagners; daß sie jetzt auf Gastspielen dieser Extravaganz huldigt, mag ihr verziehen sein, denn es muß einer Dame zumal schwer fallen, sich dem *Modeteufel* ganz und gar zu entziehen.« (Silvester Frey, rectius Eppenstein, in ›Mehr Licht!‹ vom 24. Mai 1879.)

Mörderisch. »Mr. Hanslick s'a toujours montré l'adversaire implacable, systématique et raisonné des théories *meurtrières* de Richard Wagner et de ses émules, surtout depuis l'apparition de ›Lohengrin‹, ouvrage dans lequel le maître saxon à commencé l'application de ces théories jusqu'à l'outrance.« (Arthur Pougin im ersten Supplementbande zu Fétis' ›Biographie universelle‹, 1878. Artikel: Hanslick.)

Molluske. »Wagners ganzes Denken und Trachten ging anscheinend darauf aus, das Institut der Ehe, wie es in Deutschland ist, zu schänden, oder das Problem der Reform desselben, zu dem wahrlich feinere Finger gehören, mit den rohesten Mitteln zu ›lösen‹. Durch alle seine Dichtungen zieht sich wie ein blutig roter Faden die brutale Idee der Prima-vista-Heirat (einschl. Ehebruch), möglichst unbekannter Weise, der Ausdruck seiner eigenen bis zur Entsetzlichkeit rücksichtslosen

Natur – und das soll dann noch nicht ›wälsch‹, sondern erst recht deutsch sein. Das Publikum aber sieht in alle dem nur eine Pantomime mit Musik, sei die, wie sie auch mag. Einer, der das Glück oder Unglück hat, täglich am Klavier mit solchen Meistern der Form umzugehen wie Chopin, Beethoven, Brahms, Bach, erträgt je länger je schwerer diese schwimmende, im günstigsten Falle farbenreich schillernde *Molluske* von Musik, wie die Wagnerische es allermeist ist – aber was liegt daran! Ist sie nicht immer ein Ohrenschmaus, oder sei sie, wie hier, auch oft genug selber ›eitel Ohrgeschinder‹ – es ist ja für die Augenweide gesorgt, und dann kommen ja auch ganze Akte, wo sie hübsche Orchestereffekte macht, es kommen sogar ganze Quintette und dergleichen vor.« (Dr. Carl Fuchs über die ›Meistersinger‹, ›Danziger Zeitung‹, 1901.)

Moloch. »Den fanatischen Baalspriestern der Zukunftsmusik ist es gleichgültig, ob auf dem Altare ihres *Molochs* die besten Stimmen, die frischesten Talente, die schönsten Kräfte hingeschlachtet werden.« (W. Lübke, ›Neue Freie Presse‹, 5. März 1869.) – »Wir hoffen nur, daß Emilia Tagliana nicht auch dem *Moloch* der Stimmen, der Musik von Bayreuth, die schönen Mittel weiht. Damit würde sie diesen und ihrer künstlerischen Zukunft das Todesurteil sprechen.« (›Mehr Licht!‹, 1879, Nr. 31 vom 3. Mai.) – »Leider oder gottlob! ist Herr Jäger, der in Bayreuth ein stattlich Gut sein eigen nennen soll, so glücklich situiert, daß er seine Stimme (und vielleicht auch manches andere) dem *Moloch* der Zukunftsmusik zum Opfer bringen kann.« (›Die Wiener Hofoper‹, Bericht eines Ungenannten in der ›Allgemeinen Musikalischen Zeitung‹ vom 19. Mai 1880.)

Mondkalb. »Hätt' der musikal'sche Struwelpeter nischt gemacht äsau aanen Pischtokel (Spektakel) und beleidigt de alte Meister, kaan Mensch hätt' incummedirt dieses dramatisch-musikalische *Mondkalb*.« (Isaac Moses Hersch: ›Herr Richard Wagner, der musikal'sche Struwelpeter‹, 1876.)

Monstrum. »Ein musikalisches *Monstrum* sind die Meistersinger.« (›Allgemeine Musikalische Zeitung‹, 1870, Nr. 17.) – »Am 26. Mai fand in Wien vor einem kleinen Kreise Eingeladener die Generalprobe zu R. Wagners großer, tragischer Oper ›Rienzi‹ statt. Äußerlich ist nichts versäumt, um dieses *Opernmonstrum* in ein gutes Licht zu setzen.« (›Echo‹, 1871, Nr. 23.) – »Wir sind wirklich neugierig, ob es dem großen Stimmenherostrat gelingen wird, für seine *Monstrumoper* (die ›Nibelungen‹) eine genügende Anzahl von tollkühnen Wagehälsen anzuwerben.« (H. Truhn in der Berliner ›Montagszeitung‹ vom 26. August 1872.)

Monument für den größten Dichterkomponisten unter den Barrikadenkämpfern von 1848–49. »Er müßte als Walkürenreiter dargestellt werden, eine Gerte schwingend, die aus übermäßigen Dreiklängen und unmäßigen Nonenakkorden zusammengeflochten ist.« (H. Truhn, ›Montagszeitung‹, Berlin 1871.)

Motivenhetze. »Zwei und eine halbe Stunde war man in Bayreuth genötigt, aus tiefstem Dunkel zur halberleuchteten Bühne hinzusehen, und während dieser ganzen Zeit wogte die Musik (des ›Rheingold‹), ohne je einen Ruhepunkt zu finden, einen Abschluß zu gewinnen, in steter *Motivenhetze*, von Trugschluß zu Trugschluß taumelnd, unausgesetzt weiter.« (H. M. Schletterer: ›Richard Wagners Bühnenfestspiel‹, 1876.)

Motivkrankheit. »So wenig wir den von Wagner herrührenden Versuch, das Musikdrama auf eine neue Weise zu gestalten, gänzlich zurückweisen konnten, so wenig konnten wir denselben für die endgültige Lösung des Opernproblems halten. Noch gefährlicher kann aber Wagners Methode werden, wenn sie von andern ausgeübt wird, die nicht mit ihrem ganzen Empfinden dafür einstehen. Uns haben die sich mitunter lange hinstreckenden Abschnitte der Partitur, in welchen die Sänger unmelodisch deklamieren, während Motive von geringem musikalischen Reiz im Orchester zu Tode gehetzt werden, recht peinlich berührt. Jedes Zeitalter hat seine eigentümlichen Krankheiten. Die heutige Musik leidet an der *Motivkrankheit*; möge ihr recht bald die melodische Gesundheit dafür wieder beschieden werden.« (Gustav Engel, Rezension über die Oper von Götz: ›Der Widerspenstigen Zähmung‹, 13. Dezember 1876.)

Muckerfräulein. »Das Libretto ist im ganzen nicht schlechter als manches andere und verrät unleugbar eine gewisse literarische Bildung. Die Schlußkatastrophe ist, wie man leicht findet, doch etwas zu schnöde, um eine tragische Wirkung hervorzubringen, was leicht in pietistischen Tragödien passiert. Auch ist ihre Motivierung nicht ganz befriedigend, denn gewiß wurde Tannhäuser hart bestraft, bloß weil er die Vorzüge eines *Muckerfräuleins* vor der Göttin des Lebensgenusses nicht sogleich einzusehen vermochte.« (Wilhelm Bauck: ›Tannhäuser‹. Musikzeitung ›Echo‹, Berlin, 25. Januar 1857.)

Münchhausen. »Dieser sonderbare Schwärmer (L. Nohl ist gemeint) wirft Aristophanes und Shakespeare, Schiller und Goethe, Gluck und Mozart, Beethoven und alle folgenden in einen Topf, zerstampft sie nach Gebühr, übergießt sie mit dem Brei seiner wohlwollend herablassenden Anerkennung und läßt aus der Retorte den Homunkulus Wagner als die Erfüllung aller Verheißungen hervorgehen. Die ganze große klassische Periode ist nur eine vorbereitende Basis, auf welcher die Riesengestalt dieses musikalischen *Münchhausen* sich erhebt.« (W. Lübke, ›Neue Freie Presse‹ vom 5. März 1869.)

Musikgötze. »Der dirigierende Meister sitzt im Hause Wahnfried in einem Kreis von studierenden Künstlern und Künstlerinnen, die ohne Unterlaß vor dem stabreimenden *Musikgötzen* das Weihrauchbecken schwingen und jedes Lobwort, das seinen unsterblichen Lippen entströmt, mit Feuereifer an die befreundeten Journalisten mitteilen.« (Oskar Blumenthal im ›Berliner Tageblatt‹ vom 6. September 1881.)

Musiklaboratorium. »Keinem der toten, halbtoten oder einstweilen noch lebenden Komponisten ist es gelegentlich eines Konzertes bis heutigen Tages gelungen, einmal bis zum allerletzten Tone im Gürzenichsaal nur Gesichtern und keinem Rücken zu predigen, bis der bekannte Bayreuther Wunderdoktor, der ja schon manches fertig gekriegt hat, mit ein paar neuen Stücken aus seinem *Musiklaboratorium* im sechsten Abonnementkonzerte den Leuten die dauerhaftesten Kleb- und Heftpflaster unterlegte.« (›Ein Karnevalsbrief aus Köln‹ in der Berliner Musikzeitung ›Echo‹, 1877, Nr. 10.)

Musikpapst. »Ebenso unbegreiflich wie unverzeihlich erscheint es mir, wenn vorlaute Bursche, welche gar keine Anwaltslegitimation aufzuweisen haben, sich als Verteidiger und Ruhmesherolde des infalliblen *Musikpapstes* auf offenen Markt hinstellen. Und wenn es allein der *Musikpapst* wäre! Die Verhimmelung trifft aber außerdem nicht nur den fragwürdigen Menschen, sie trifft sogar den faden Gelegenheitsdichter, welcher sich bisher bei jeder Gelegenheit gründlich blamiert hat.« (H. Dorn, Rezension der Schrift von Plüddemann: ›Die Bühnenfestspiele in Bayreuth, ihre Gegner und ihre Zukunft.‹ ›Neue Berliner Musikzeitung‹, 1878, Nr. 16.)

Myrmidonen. Lieblingsbezeichnung des ›Berliner Tageblattes‹ für die Anhänger Wagners. Hier nur ein Beispiel: »Der von Richard Wagner anbefohlene Patronatverein zur Erhaltung der Bayreuther Bühnenfestspiele ist von den gehorsamen *Myrmidonen* des Meisters nun wirklich ins Leben gerufen worden.« (›Berliner Tageblatt‹, 30. Januar 1877.)

N

Nachahmer. »Wagner hat sich den nunmehr längst verschollenen gekrönten Poeten König Ludwig von Bayern zum Muster genommen, denn in seiner ganzen poetischen Diktion und schwulstigen Partizipialkonstruktion ist er ein offenbarer, wenn auch unglücklicher *Nachahmer* desselben.« (›Richard Wagner und Jakob Offenbach.‹ Altona, 1871.)

Nachblöken. »Die echt in der Wolle gefärbten Wagneranbeter besitzen bekanntlich weder musikalische Ohren am Kopfe noch ein empfängliches Herz für echte Musik und *blöken* nur *nach*, was ihnen die engagierten Wagner-Erfolg-Leithämmel vorblöken.« (›Echo‹, 1872, Nr. 29.)

Nachtwächter. »Im dritten Akte (des ›Siegfried‹) haben wir abermals ein langes Gespräch Wotans mit Siegfried zu überstehen; dieser spaltet glücklicherweise den schlafbringenden Speer des göttlichen *Nachtwächters* und dringt in die wabernde Lohe.« (Ed. Hanslick, August 1876.) – Der Ausdruck *Nachtwächter* gefiel dem Referenten des Berliner ›Fremdenblattes‹ so gut, daß er ihn 1881 fast in jedem seiner fünf Artikel über die Nibelungenaufführungen im Viktoriatheater anbrachte. – »Im dritten Akte (des ›Siegfried‹) haben wir es zunächst wieder mit Wotan zu tun, wie immer auf seinen Speer gestützt*. Es macht den Eindruck, als schlüge jemand einen Nagel in die Natur. Die hakenartige Linie, welche Speer und Wotan unverbrüchlich beschreiben, wirkt fast wie die eines göttlichen Wachtpostens.« (Louis Ehlert in der ›Deutschen Rundschau‹, Oktoberheft, 1876.) – In ähnlicher Weise geistreich (!) äußerte sich Herr Karl Frenzel; ihm erschien der Gott wie ein Türhüter in einem vornehmen Hause. – Frenzels Einfall, Wotan als Portier zu be-

* Wir, auf seinen Speer gestützt? Na, na!

zeichnen, wurde von dem »Wiener Spaziergänger« Spitzer annektiert. In einer seiner ›Wochenpromenaden‹ heißt es: »Wotan erwacht, nimmt sofort seinen Spazierspeer in die Hand, den er nicht mehr ablegt, und es fehlt ihm nur der Dreispitz auf dem Haupte, damit das Bild eines Walhalla-Portiers vollständig wäre.« (›Neue Freie Presse‹, 17. Februar 1878.) Die Walhalla ist (oder war) ein obskures Lokal in der Währingerstraße. Von dieser Walhalla ist auch in einer Plauderei des Wiener ›Fremdenblattes‹ (27. Januar 1878) die Rede: »Der Himmel weiß, welch weiteres musikalisches Unheil noch über die Regenbogenbrücke (des ›Rheingold‹) bei uns einziehen wird, die ihrer perspektivischen Anlage nach eigentlich in die Walhalla der Währingerstraße zu führen scheint. Dieser letztere Ort dürfte übrigens der passende Aufenthalt für die Götter sein, mit denen uns Herr Rich. Wagner bekannt macht, schon um der Nähe des Kriminals willen, für welches die ganze männliche Sippschaft reif ist.«

Narr. »Ein in allerdings genialem Anfluge rasend gewordener *Narr* ist Wagner.« (Eusebius [Dr. Kastan], 1874, Bericht in der ›Frankfurter Zeitung‹ über ›Tristan und Isolde‹.)

Narrenmanifest. »Ob, wie sein letztes *Narrenmanifest* verkündet, Wagner allein die Werke der großen Meister zu dirigieren vermag, werden wir nicht erörtern.« (H. Ehrlich im ›Salon‹, Juni 1870.) Als *Narrenmanifest* bezeichnet Ehrlich Wagners Abhandlung ›Über das Dirigieren‹.

Natter. »Ich glaube nicht zu weit zu gehen, wenn ich behaupte, man müsse dieser *Natter*, diesem Hep-Hep-Gezücht des alten Lügendrachens finsterer mittelalterlicher Schule, selbst wenn sie im himmlischstrahlenden Gewande der sonst so friedlichen Musik den Kopf erhebt, den letzteren bis aufs Atom zertreten.« (Dr. C . . . . . ›Unmusikalische Noten zu Richard Wagners Judentum in der Musik.‹ München, 1869.)

Nervenfieber. »Die zum Prinzip erhobene Formlosigkeit, die systemisierte Nichtmusik, das auf 5 Notenlinien verschriebene melodische *Nervenfieber* –« nennt Ed. Hanslick in der 3. Auflage des ›Musikalisch Schönen‹ die unendliche Melodie Wagners.

Nervenpein, unendliche; als solche »kitzelt die ›innerliche Melodie‹ im Tristanvorspiele den Hörer zu Tode«. (Eduard Hanslick, Januar 1875.)

Nervenzerrütter. »Wilhelm II. ist Wagnerianer. – Nicht wenige Musikfreunde der ›alten Schule‹ werden vielleicht den Kopf darüber schütteln, daß die kaiserliche Wahl und Protektion dem großen *Nervenzerrütter* Richard Wagner zugefallen ist, anstatt z. B. dem unendlich edlen und liebenswürdigen Herzensbeglükker Mozart, der nie den unfehlbaren Kunstpapst spielte.« (›Die neue kaiserliche Leibmusik‹, ein Artikel der in Milwaukee erscheinenden Zeitung ›Herold‹; August 1888.)

Nichts. »Erst dann, wenn recht viele an sich die Erfahrung gemacht haben und zu der Erkenntnis gekommen sind, daß in Bayreuth mit einem ungeheuren Aufwand von Zeit, Geld und Enthusiasmus eigentlich nur das Lustspiel ›Viel Lärm um Nichts‹ aufgeführt wird, können gesündere Kunstzustände und vernünftigere Kunstanschauungen allmählich wiederkehren.« (H. M. Schletterer: ›Richard Wagners Bühnenfestspiel‹, 1876.) – »Kurz, meine Herren, wo Sie Ihren Herrn und Meister anfassen, greifen Sie eine Negation; sein ganzer Mensch – – – geschwollenes *Nichts – – nihil – – nihil.*« (›Neue Freie Presse‹, 7. Februar 1878. Artikel über ›Parsifal‹.) – Schon 1873 seufzte der Stettiner Musikdirektor C. Koßmaly nach den Meistersingern: »Viel Lärm um *Nichts*! lautet der Schmerzensschrei des betrübten und gepeinigten Hörers.« – Am 1. Mai 1854 dirigierte Wagner seine Tannhäuserouvertüre in London. Dem Kritiker der ›Times‹ scheint sie nicht gefallen zu haben, wie aus folgenden Sätzen zu entnehmen ist: »Die zum ersten Male einer englischen Zuhörerschaft vorgeführte, beinahe unmögliche Ouvertüre des Herrn Richard Wagner würde vortrefflich für eine Pantomime oder ein Osterschauspiel* geeignet sein. Sie ist eine schwache Parodie nicht Hektor Berlioz', sondern seiner schlechtesten Nachahmer. Soviel Lärm um *Nichts*, eine solche pomphafte und leere Alltäglichkeit haben wir selten gehört.«

Niegelungen-Trilogie nannte die Berliner ›Montagszeitung‹ 1874 Wagners ›Nibelungen‹. (Älterer Wortwitz, schon 1854 gebraucht, als H. Dorns Nibelungenoper an verschiedenen Bühnen zur Aufführung gelangte.) Im Dezember 1876 erschien: ›*Der Ring, der nie gelungen*, Cricrilogie äußerst frei nach ‚Der Ring des Nibelungen'.‹ Verfasser: P. Gisbert in Berlin. In den Leipziger ›Signalen‹ (1863, Nr. 2) stand: »Wie die ›Donauzeitung‹ berichtet, beschäftigt sich ein Wiener Tonkünstler be-

* Niedrigste Sorte unsinniger Possen.

reits mit einer Parodie der Wagnerschen ›Walküre‹, das Stück wird den Titel führen: ›Willküre, Fragment aus der Oper *Niegelungen*‹.«

Nordhäuser. In der Posse ›Münchhausen‹ von Kalisch, Musik von Hauptner (1856) befindet sich ein neues Intermezzo, eine ›Tannhäuser‹-Parodie. Münchhausen spricht es unverblümt aus: daß er lieber einen *Nordhäuser* als den ›Tannhäuser‹ aufs Korn nähme.

Nordlicht. »Als ein wunderbares Beispiel von generatio spontanea ist Richard Wagner in das Zivilstandsregister des Parnasses mit den Worten eingetragen: ›Vater und Mutter sind unbekannt‹, und er wird auch keine Nachkommen haben. Er ist ein *Nordlicht*, welches man für die Sonne genommen hat.« (Jak. Offenbach, mitgeteilt in der ›Neuen Berliner Musikzeitung‹, 1880, Nr. 1.)

Notar. Wie ein *Notar* sieht Wagner aus, versicherte der Pariser ›Constitutionnel‹ 1860. Bei seiner Geburt habe die Fee der Harmonie Wagners Stirn geliebkost, die Fee der Melodie aber habe sich auf sein Gesicht gesetzt und ihm die Nase platt gedrückt.

Numen und Lumen. »Die kleinen Satelliten des großen Richard, die Planeten, die, weil sie kein eigenes Licht haben, sich um das große *Numen und Lumen* anbetend drehen, um etwas von seinem Lichte wegzukriegen, und auch ein wenig zu glänzen« usw. (A. W. Ambros: über Wagners Broschüre gegen Devrient, 1869.)

O

Ochs, gestochener. »Wenn im dritten Akte der Held Tristan auf den Tod verwundet endlos sich umherwälzt und dazu brüllt wie ein *gestochener Ochs*.« (Lienau im ›Echo‹, 1876, Nr. 12.)

Ölgötze. »Nun haben wir in Wien alle viere, die gesamte Tetralogie: ›Rheingold‹, ›Walküre‹, ›Siegfried‹ und endlich die ›Götterdämmerung‹, diesen Niedergang der alten Götterwelt, das jüngste Gericht, das über sie und auch ein wenig über den *Ölgötzen* Richard Wagner hereinbricht. ›Rheingold‹ ist in Wien sachte abgelehnt worden, die ›Walküre‹ hat am längsten vorgehalten. ›Siegfried‹ traf auf eine eisige Gleichgültigkeit und die ›Götterdämmerung‹ – hat sie nicht eine höchst flaue Aufnahme gefunden, wenn man bedenkt, daß die Wagnerpartei all ihre Rührigkeit aufgeboten, um für das Werk einen Sieg herbeizuführen?« (Wien, 1888.)

Ohrenschinder. Ich wähle dieses Stichwort und reihe die andern an, welche sich im Pariser ›Constitutionnel‹ vom 27. Februar 1860 befinden. Anläßlich der Wagnerkonzerte beehrte der französische Kritiker Fiorentino die verhaßten »Zukünftler« mit folgenden Schmeicheleien: »Charlatans von Kunstlehre und barocken Theorien, eitle und vernebelte Deklamatoren, aufgeblasene, ruhmredige, unverschämte, lächerliche Gecken, eingebildete Pathosmacher, Verkäufer von unverstandenen und unverständlichen Noten, Wolken- und Dunstsammler, langweilig wie Nebel- und Regenwetter, hohle Träumer, ästhetische Dummacher, impotente Utopisten, exzentrische Ungeheuer, Lästerer, *Ohrenschinder*!« Schluß! (Gott sei Dank!) – (Diese Kollektion steht verdeutscht in der ›Niederrheinischen Musikzeitung‹, 1860, Nr. 11.)

Ohrenschindend und herzbrechend nannte Lienau, Herausgeber des ›Echo‹ (1871, Nr. 19), Wotans Abschied aus der ›Walküre‹.

Ohrenschmerz und Harthörigkeit. »Wenn die Prachtentfaltung bei Ihren Opern nicht wäre, so würden sie nicht den geringsten Eindruck hinterlassen, die Musik hinterläßt keinen, und man müßte höchstens dies einen Eindruck nennen, daß der Anhörer (!) Ihrer Opern, wenn zwar nicht durch Verlierung (!) seines Gehörs, so doch durch *Ohrenschmerz und* dreiwöchentliche *Harthörigkeit* einen ziemlich bleibenden Eindruck mit nach Hause nimmt. Es nimmt übrigens schon längst Wunder, daß man nicht bei Aufführung Ihrer Opern auf den Theateraffichen extra bemerkt: ›für *Harthörige* ist der Besuch der heutigen Oper sehr zu empfehlen, da sie von Wagner ist‹.« (›Der zukünftige Musik-Heiland Richard Wagner vor der öffentlichen Meinung‹, Leipzig, 1869.)

Ohrfeigenmotiv. »Gegen das Torenmotiv (›durch Mitleid wissend‹) haben wir eine persönliche Abneigung: wir fürchten und hassen es. Mit seinen drei Quintenschritten und seinem gezwungenen Modulationszug ist es leer, widerwärtig und geradezu aufreizend und ein wahres *Ohrfeigenmotiv.*« (L. Speidel, Wiener ›Fremdenblatt‹, 1. August 1882.)

Ohrenzerreißend. »Im Münchener Hoftheater wird auf allerhöchsten Befehl Richard Wagners ›Tristan und Isolde‹, *ohrenzerreißenden* Andenkens, wieder zur Aufführung kommen. Der Tenorist, Herr Nachbaur, soll keineswegs aus Angst vor der Cholera, sondern vor dieser Aufführung von München geflohen sein.« (Berliner ›Montagszeitung‹, Januar 1874.)

Opernlindwurm. Über die erste Aufführung der ›Meistersinger‹ in Stettin (am 7. April 1870) berichtete Carl Koßmaly. Eine kräftige Stelle seiner Rezension lautet: »Der so monstruöse als blutdürstige *Opernlindwurm*, wie die Novität des ›Dichterkomponisten‹ in mehrfacher Beziehung füglich bezeichnet werden darf, hat den anderen Werken den Platz weg- und alle Zeit und Kräfte selbstsüchtig für sich in Anspruch genommen.« (›Ostsee-Zeitung‹, 9. April 1870.)

Opferlämmer, Stiere und Böcke. »Wagner darf übrigens keine Sorge haben, im nächsten Jahre kein Orchester zu bekommen. Man braucht allzugroße Divinationsgabe nicht zu besitzen, um mit vollster Sicherheit das Hoforchester schon jetzt bezeichnen zu können, dessen Mitglieder nötigenfalls eine Kabinettsordre als *Opferlämmer*, starke *Stiere* und stämmige *Böcke* in den mystischen Abgrund versammeln und dem von Bayreuth ausgehenden musikalischen Besten zur Verfügung stellen wird.« (H. M. Schletterer: ›Richard Wagners Bühnenfestspiel‹, 1876.)

Opiumrausch. »Seither besitzen wir nun auch Richard Wagners ›Tristan‹, ›Nibelungenring‹ und seine Lehre von der unendlichen Melodie, d. h. die zum Prinzip erhobene Formlosigkeit, den gesungenen und gegeigten *Opiumrausch*, für dessen Kultus in diesem Augenblick zu Bayreuth ein eigener Tempel erbaut wird.« (Ed. Hanslick: ›Vom Musikalisch-Schönen‹, 4. Aufl., Vorwort, dat. 11. Mai 1873.)

Orgien. »Jean Pauls Grab verschließt ein Granitblock, und draußen auf einem Hügel vor der Stadt haben sie ein eigenes Gebäude errichtet, um dort die *Orgien* der musikalischen Neuromantik zu feiern. Die großen künstlerischen Geister sind tot und nun tun die kleinen, als ob sie groß wären, und ein schwächliches Geschlecht glaubt an ihre Größe.« (Wiener ›Fremdenblatt‹, 15. August 1876. Speidel.)

Orkus, nennt die Berliner Musikzeitung ›Echo‹ (1876, Nr. 40) das verdeckte Orchester in Bayreuth. »Der König von Bayern hat Richard Wagner die gesamte Münchener Kapelle für die Monate Juli und August 1877 zur Verfügung gestellt. Die Münchener, dem unsichtbaren *Orkus* geopferten Hof- und Kammermusiker werden bei dieser Nachricht nichts weniger als Freude verspürt haben.«

P

Pandur. »Wer ist Nietzsche? Ein Freund und *Pandur* Richard Wagners, in dessen Lärmposaune er zu seinem eigenen wie zu seines Herrn Ruhme in jenen Augenblicken stößt, wenn der Besitzer des wohlklingenden Instruments sich eine Ruhepause gönnt.« (Emil Kuh: ›Professor Fr. Nietzsche und Dav. Fr. Strauß, eine kritische Studie.‹ Abgedruckt in Heft 19 des Edlingerschen ›Literaturblattes‹, 1. Oktober 1878.)

Paroxysmus. Über ein Wagnerkonzert in Cöln (25. Januar 1860) liest man in der ›Niederrheinischen Musikzeitung‹ (1860, Nr. 6) wunderliche Urteile. Ich greife einen markanten Abschnitt heraus: »Der zweite Teil beginnt. Wir hören einen Instrumentalsatz aus ›Tristan und Isolde‹ (das Vorspiel nämlich!). Das ist in der Tat der *Paroxysmus* der Wagnerschen Muse. Denken Sie sich einen Organisten, der die Hände auf die Orgel legt und eine Viertelstunde lang Folgen von ausgehaltenen Akkorden zu Gehör bringt, wobei er nur von Zeit zu Zeit einen oder den andern Finger wechselt. Nun ist aber der Organist ein unwissender Harmoniker; er geniert sich nicht, seine Finger zuweilen an Tasten kleben zu lassen, die mit den folgenden Akkorden gar nichts mehr zu tun haben. Nun, da haben Sie eine ungefähre Vorstellung von dem form- und ideenlosen Gewirr, das uns aus ›Tristan und Isolde‹ aufgetischt wurde.«

Parzi-Falle. »Und dafür begeistern sich die Leute! Das finden sie wunderbar! Darin erblicken sie die Offenbarungen des Weltgeistes! Um so etwas zu hören, reisen sie nach Bayreuth! Bei solcher Hitze! Wenn das nicht reine Torheit ist, will ich selber noch in die *Parzi-Falle* gehen.« (Franz Hille im Wiener ›Sonn- und Feiertags-Courier‹ vom 30. Juli 1882.)

Passionsspiele. »Das Bühnenfestspiel ›Der Ring der Nibelungen‹, welches zur Zeit der Sommersonnenwende 1872 bestimmt im ehemals markgräflichen Theater zu Bayreuth vor eingeladenen Anhängern und Verehrern des Komponisten und dieser Art dramatisch-moderner *Passionsspiele* in Szene gehen soll.« (›Echo‹, Berlin, 1871, Nr. 21.)

Pathos. »Einen ungemein lächerlichen *Pathos* sieht die Welt in dem Aufsatze gegen das Judentum.« (M. Gutmann, 1869.) – »Ein hölzernes *Pathos* kämpft mit den von allen Seiten hereinbrechenden Wogen der Trivialität.« (Ed. Hanslick über das Duett im ›Fliegenden Holländer‹, 1859.) – ›Das deutsche Montagsblatt‹ (Berlin) ließ sich am 16. März 1879 aus Köln telegraphieren: die tags zuvor dort aufgeführte ›Walküre‹ habe nur einen geringen Erfolg gehabt, der hohe Ernst der Musikdichtung sei für die lustigen Kölner nicht recht geeignet. Die Wiener ›Neue Freie Presse‹ reproduzierte am 18. März diese – Erzlüge und bemerkte redaktionell: »Wir sind überzeugt, daß man sich in Köln den hohen Ernst Beethovens gern gefallen läßt; das geschmacklose *Pathos* Wagners wird auch außerhalb Kölns schwer verdaut.«

Pein. »Zweimal im Verlaufe von acht Tagen suchte die durch ›Tristan und Isolde‹ *gepeinigte* Muse des Opernhauses Zuflucht bei Rubinsteins ›Maccabäern‹ und auch Brülls ›Goldenes Kreuz‹ war sogar dazu ausersehen worden, eine reinere Opferflamme in diesen Räumen wieder anzuzünden.« (Berliner ›Montagszeitung‹, 17. April 1876.)

Peinigung. Eine solche scheint für H. Dorn sogar der ›Lohengrin‹ gewesen zu sein. In den musikalischen Skizzen: ›Aus meinem Leben‹, Berlin 1870, findet sich folgende Stelle: »Nach zwei vollen Stunden musikalischer *Peinigung* schlürfen wir das Tröpfchen Wasser (das Brautlied im 3. Akte) durstig hinunter, und der ausgetrocknete Gaumen wähnt eine reiche Nektarquelle in sich aufzunehmen.«

Pereat! dem Dünkel inkarnierter Unfehlbarkeit! – Die ›Berliner Volkszeitung‹ vom 29. April 1871 enthielt folgenden Aufruf im Inseratenteile: »Richard Wagner ist hier und seine Freunde werden ihm huldigen. Es ist Sache der Gegner, zu zeigen, wie schroff der Gegensatz bei ihm zwischen Künstler und Mensch, wie tief die Kluft zwischen wahrem Genie und eitler Selbstüberhebung. Ein *Pereat* dem Dünkel inkarnierter Unfehlbarkeit! Gesinnungsgenossen belieben ihre Adressen sub. X, 499 abzugeben in der Expedition dieses Blattes.«

Pest. Dr. Filippi erzählt in seinem Bericht über die Lohengrinaufführung in Turin (Frühjahr 1877): »Die Sache wurde pikant, als ein braver Piemontese versicherte, daß auch der Feuilletonist der Mailänder Zeitung ›Perseveranza‹, der berüchtigte Filippi, herübergekommen sei nach Turin, um die *Pest* des Wagnertums einzuschleppen und mit der guten alten Schule Händel zu suchen, und daß er für diese saubere Mission extra bezahlt worden sei. Ich beharrte mäuschenstill in meinem Inkognito, obschon ich fast vor Lachen bersten wollte, als ich mir so die Leviten lesen hörte.« – Für eine Art Pest muß Oskar Blumenthal früher auch die ›Nibelungen‹ gehalten haben. Er schrieb am 9. März 1879 im Feuilleton des ›Berliner Tageblattes‹ folgendes: »Ein strenger Sommer steht uns bevor. Die ›Nibelungen-Tetralogie‹ zieht sich über Berlin immer dichter zusammen, denn bereits hat Richard Wagner Herrn Direktor Förster die Erlaubnis gegeben, sie in Berlin während der Sommermonate einzuschleppen. Von sanitären Sicherheitsmaßregeln hat man bisher noch nichts gehört.«

Pferdearbeit. »Man ruhte aus von der musikalischen *Pferdearbeit* der unvergeßlichen zwei Festspielabende.« (Speidel im Wiener ›Fremdenblatt‹, 20. August 1876. Bericht über ›Rheingold‹ und ›Walküre‹ in Bayreuth.)

Pferdemäßig. Reich an Kraftausdrücken ist eine Rezension über das Auftreten des Tenoristen Anton Schott als Rienzi in Wien. »Wagner ging ohne Scham und Gewissen mit der Opernmusik seiner Zeit durch Dick und Dünn, nur von dem einen Wunsche beseelt, sich selbst geltend, Lärm und Effekt zu machen. Es ist eine grauenhafte Charakterlosigkeit in dieser Musik, ein kosmopolitisches Herumpumpen, das ins Aschgraue geht. Wagner ist nacheinander Franzose, Italiener, italienischer Franzose, französischer Italiener und selbst – Deutscher. Auch der spätere Wagner steckt schon in dieser Oper; man sieht schon in dem unreinen Element der Musik die Kaulquappen herumschwimmen, die sich später zu Riesenfröschen entwickelt haben, gegen welche die Kritik bisher vergebens ihren Stecken gekehrt. – Herr Schott sang mit außerordentlichem Beifall; er sang nicht nur, er ritt auch zum Entzücken des Publikums. Im dritten Aufzuge kam er im Galopp einhergeritten, ließ auf der Szene sein Pferd kurbettieren und ritt wieder im Galopp von dannen. Man darf den Gast nicht tadeln, daß er mit seinem Pferd so lebhaft arbeitet, denn die Musik, welche die Szene begleitet, ist wahrhaft *pferdemäßig.*« (L. Speidel, Wiener ›Fremdenblatt‹, 27. Oktober 1878.)

Phrasen. »Neun Zehnteile der Partitur (des ›Lohengrin‹) bestehen aus den armseligsten, völlig inhaltlosen *Phrasen,* über deren Trockenheit und Wertlosigkeit die rauschende Orchesterunterlage blendenden Glanz gießen soll.« (›Berliner Börsenzeitung‹, November 1866.) – »Gewiß wird Wagners Streben nicht fruchtlos für die weitere Entwicklung bleiben; aber seine eigenen Werke, so reich sie an neuen orchestralen und szenischen Wirkungen sind, gehen zu sehr darauf aus, die Musik zu Gunsten der Poesie und der gesamten Inszenierung zu entthronen. Statt der wohldurchdachten kunstvollen Gliederung der Opern unsrer besten Meister bieten sie ein ununterbrochenes Gemisch deklamatorischer *Phrasen,* welches den Eindruck tödlicher Ermüdung hervorbringt.« (J. Kuß: ›Leitfaden für den Unterricht in der Kunstgeschichte‹; 5. Auflage, vermehrt und verbessert durch W. Lübke, 1879.)

Phylloxera vagnatrix. Die Berliner ›Montagszeitung‹ vom 14. Februar 1874 enthielt im ›Briefkasten‹ folgendes: »Wer bayreuthet so spät durch Nacht und Wind? – Nein! von einer Opernreblaus *(phylloxera vagnatrix)* ist uns nichts bekannt geworden und ebensowenig, daß dieselbe bereits seit einigen Tagen hierorts unter den Linden starke Verwüstungen anrichtet.« (Anspielung auf den Wagnerbazar, der aber nicht Unter den Linden, sondern am 9. Februar 1874 in der Wilhelmstraße eröffnet wurde.) – NB. *Phylloxera vastatrix* die (Wein-)Reblaus, deren Auftreten an Deutschlands Grenzen um diese Zeit konstatiert worden war.

Pickelhering. »Er kümmert sich um solches Zeug wie Händelsche Musik überhaupt nicht, wie ein Gesinnungsgenosse von sich bekannte, und tut vielleicht gut daran, falls es sein höchster Ehrgeiz ist, in der musikalischen Literatur den Part eines von Wagner belobten *Pickelherings* zu agieren.« (Chrysander, ›Allgemeine Musikalische Zeitung‹ vom 5. Januar 1876.) Der Ausdruck *Pickelhering* bezieht sich auf mich. Die Veranlassung bot ein Brief Wagners an E. W. Fritzsch, den Herausgeber des ›Musikalischen Wochenblattes‹, datiert Bayreuth, 28. Dezember 1874 und vom Adressaten veröffentlicht am 8. Januar 1875. Folgende Sätze hatten »anregend« gewirkt: »Hiergegen muß ich nun gestehen, daß ich selbst bei Durchsicht Ihres freundlichst mir zugesandten Wochenblattes gemeiniglich erst dann froh aufatme, wenn ich darin einen Brief Ihres vortrefflichen Mitarbeiters W. Tappert aus Berlin wahrnehme. Da geht mir das Herz auf. Lebte ich in einer großen Stadt Germaniens, wie Herr Tappert, und hätte ich dessen eigentümlichen Witz, so wäre es denkbar, daß auch ich Ihnen häufiger einen Beitrag für Ihr Wochenblatt lieferte.«

Pille. »Wohlweislich haben ihm seine (Wagners) hiesigen Freunde geraten, die *Pille* der ›Nibelungen‹ mit populären Teilen seiner früheren Werke zu überzuckern.« (Augsburger ›Allgemeine Zeitung‹, Mai 1877, über das erste Wagnerkonzert in London, 7. Mai 1877.)

Plagiarius. »Welch ein roher, niedriger Materialismus! Ich hatte erwartet, eine Musik von neuer Erfindung kennen zu lernen, und erstaunte, nichts zu finden, als einen flachen *Plagiarius* Berliozs! – Berlioz muß sich unglücklich fühlen, sich so nachahmen und karikieren zu sehen. – Eines kann ich mir nicht erklären, wie solche Niaiserie in Deutschland hat aufkommen können!« (›Stimmen aus Paris über R. Wagners erstes Konzert‹, am 25. Januar 1860 in der ›Niederrheinischen Musikzeitung‹ vom 11. Febr. 1860.) – In den ›Meistersingern‹ entdeckte 1870 jemand eine Entlehnung aus Nicolais ›Lustigen Weibern‹. Ein Verehrer Wagners hatte den nicht sehr glücklichen Einfall, darin »einen schönen Zug kindlicher Ehrerbietung und rührender Pietät des Künstlers gegen den Künstler« zu erblicken. Darauf erwiderte H. Dorn in der ›Post‹ vom 2. Mai 1870: »Wenn jemand den *Plagiarius* Wagner als einen in zärtlicher monumentaler Besorgnis für Otto Nicolai schwärmenden Kunstgenossen darstellt, so ist das kindisch. Wagner und Nicolai in einem Atem: ich glaube, Richard lacht sich zu Tode und Otto dreht sich im Grabe um.«

Porzellanscherben-Effekte. »Gellender Lärm und ein Übermaß von dem, was ein Witzbold mit glücklichem Mangel an Ehrerbietung als *Porzellanscherben-Effekte* bezeichnete, das heißt Sachen, die jeder leicht hervorbringen kann, wenn seine Kühnheit seiner Exzentrizität ebenbürtig ist.« (Chorley in London über die Tannhäuser-Ouvertüre, 1855.)

Pranger. »Geharnischte, oft höchst gediegene Artikel beleuchteten den *Pranger*, an welchem sich Wagner mit seinem Tintenfasse niedergelassen hatte.« (Albert Hahn: ›Das Judentum in der Musik‹, ›Tonhalle‹, 1869.)

Produkt, verunglücktes. »Die Tannhäuser-Ouvertüre halte ich für ein ganz *verunglücktes*, ungeschickt konzipiertes *Produkt.*« (Moritz Hauptmann, 1846.)

Prosa. »Wagners Musik ist die explikativste, handfesteste *Prosa*. Man findet bei ihr nicht die leiseste Spur von dem Blütenhauch, der beispielsweise auf jedem Schumannschen Musikstücke liegt. In Wagners Werken ist alles klar und leicht greifbar. Selbst dem dicksten Ohre wird es mit Konsequenz eingebläut.« (›Signale‹, 1859, Nr. 49: ›Richard Wagners Tannhäuser in Wien‹.)

Prügelopus. »Wir empfehlen der gesamten Wagnerclique als Niesewurz für etwaige Verschnupfung und der übrigen Menschheit zur ›Warnigung und Ergötzung‹ eine soeben erschienene Broschüre, betitelt: ›Hepp! hepp! oder die Meistersinger von Nürnberg‹, entschieden die witzigste und trefflichste Parodie auf das gleichnamige *Prügelopus* des großen Cosimanen.« (Berliner ›Montagszeitung‹, 28. August 1872.)

Pseudopoesie. »Das poetische Hauptwerk Wagners ist der ›Nibelungenring‹. Ich habe die vier Textbücher aufmerksam gelesen und mir einen kurzen Auszug gemacht. Die Dichtung ist das Muster der *plumpsten Pseudopoesie*, sie streift geradezu ans Lächerliche.« (Leo Tolstoi in der ›Revue de Paris‹, 1898.)

Pudelwohl. H. M. Schletterer (›Wiener Abendpost‹, 1876, Nr. 214) über die Erweckung Brünnhildens: »Hier ist Wagner wieder ganz in seinem Fahrwasser. Eine Szene, in der alle Utensilien aus dem Hausrate sinnlicher Lust in effektvoller Steigerung nacheinander verpufft und durch das glühendste Kolorit in Wort und Ton die brünstigen Regungen eines verliebten Helden überzeugend dargelegt werden, wird immer einen Kulminationspunkt in seinen Opern bilden; wenn nun aber der Held gar ein in Lebenskraft strotzender, unschuldiger Jüngling, die Heldin eine Halbriesin, ein Götterweib ist, die verliebte Raserei bis zur Grenze des Möglichen sich entwickeln kann, dann wird es dem Meister erst *pudelwohl.*«

Puppenkomödie. »Das Musikdrama Wagners ist nur ein Rückfall in alte Barbarei. – Die unselige und unsinnige Theorie des Musikdramas hat nicht nur die Dichtung, sondern auch eine gedeihliche Entwickelung der Schauspielkunst herabgedrückt. – Die Höhe der geistigen und ethischen Entwickelung, welche die Nation erreicht hatte, die mit Begeisterung in Wallenstein den Doppelsinn des Lebens den Helden verklagen sah (?), sie muß sich eine ungeheuerliche *Puppenkomödie* als Surrogat des berechtigten Anspruchs auf ein nationales Drama aufreden (?) lassen. – Wagner war gerade das Organ der gestaltenden Dichtung, insbesondere dramatischer, fast gänzlich versagt.« (›National-Zeitung‹, Berlin, 6. Oktober 1886; Theaterbrief aus München, mit W. gezeichnet.) – »›Siegfried‹, dieses *Puppenspiel* für die reifere Jugend und das kindische Alter.« (L. Speidel, Oktober 1876.)

Purzelbaumverse. »Der Verfasser geißelt in unwiderleglichen Sätzen das Verächtliche, Lächerliche und Gefährliche des Wagnerschwindels. Lächerlich ist es, wenn Richard Wagner durch *Purzelbaumverse* eine Reformation auf dem Gebiete des gesamten menschlichen Denkens hervorbringen will.« (›Münchener Punch‹, Dezember 1865. Bemerkungen zu einem Feuilleton der ›Augsburger Abendzeitung‹.)

Pyrrhussieg. Nach der ersten Berliner Tristanaufführung (am 20. März 1876) stand im ›Echo‹ (Nr. 13): »Wagner und seine Gattin wohnten der ersten Aufführung, ihrem *Pyrrhussiege*, in der Loge des Generalintendanten bei.« Acht Tage später hieß es nochmals: »Mit Selbstaufopferung gingen die an dem *Pyrrhussiege* Beteiligten in die Arena.«

Q

Quallenmusik*, gährende und zischende: ›Meistersinger‹. (Berlin 1870. Rezension im ›Theaterdiener‹.) Von quallenartiger Musik spricht derselbe Berichterstatter auch in der ›Montagszeitung‹; ein Meer von ohrenzerfleischender *Quallenmusik* entdeckte der Kritiker des ›Sporn‹, nämlich immer der eine: Hieronymus Truhn! Dieser gestrenge Oberscharfrichter besaß damals in Berlin nicht weniger als (mindestens!) fünf Ablagerungsstätten für seinen literarischen Un–fug. Daher die wunderbare Einstimmigkeit der Verdammungsurteile, auf welche viele mit Genugtuung hinwiesen!

Qualm und Dunst. »Nachdem geraume Zeit hier in Leipzig ›Siegfried‹ und ›Götterdämmerung‹ die ausschließliche musikalische Parole gewesen ist und nachdem der hiesige Kunstfreund

* Infolge eines Druckfehlers war »Quellenmusik« daraus geworden!

fast ungebührlich lange in einer mit *Nibelungenqualm und -dunst* geschwängerten Atmosphäre hat atmen müssen« usw. (Ed. Bernsdorf, ›Signale‹, 1878, Nr. 54, Oktober.)

Quark. »›Das Liebesmahl der Apostel‹ von Wagner ist ein deutschkatholischer *Quark* in Wort und Weise aus jener Zeit, da das deutsche Philisterium den Johannes Ronge für einen großen Mann ansah.« (Wiener ›Fremdenblatt‹, 1871.) Das Berliner ›Echo‹ nennt dieses Urteil ganz treffend. (1871, Nr. 14.) Hier ist zu bemerken: ›Das Liebesmahl der Apostel‹ wurde am 6. Juli 1843 erstmals in Dresden aufgeführt, Ronges Brief trägt das Datum: 1. Oktober 1844. Vor diesem Rundschreiben gab es keinen Deutschkatholizismus! – Über den Text von ›Tristan und Isolde‹ äußerte sich die ›Allgemeine Musikalische Zeitung‹ (1877, Nr. 31) wie folgt: »Ein Opernlibretto beansprucht selten großen literarischen Wert; aber von allen Knüttelreimen, die uns gesprochen oder gesungen jemals auf der Bühne vorgekommen sind, scheinen uns Herrn Wagners Verse die schlechtesten zu sein. Kindisches Geplapper und geschmacklose Alliterationen treten an die Stelle von Rhythmus und Poesie; und wie er auch mit Mozarts und Beethovens Kunst umgegangen sein mag, so hat er doch jedenfalls die Schillers und Goethes prostituiert. Doch es wäre abgeschmackt, solchen *Quark* mit irgend einem bekannten literarischen Muster zu vergleichen.«

Quaseleien. »Die abscheulichen Sprachverrenkungen, dialektischen *Quaseleien* und lächerlichen Alliterationsstudien dieses sogenannten Nationaldramas.« (H. Dorn, ›Berliner Bürger-Zeitung‹, März 1875.)

Quasi poète. »M. Wagner est bien un artiste de son pays et de son temps qui a les qualités et les défauts d'une époque de décadence: c'est un *quasi-poète*, enté sur un critique.« (P. Scudo: Bericht über die Pariser Tannhäuser-Aufführung. ›Revue des deux mondes‹, 1. April 1861.)

R

Rabbi von Bayreuth. »Es wimmelt in der ›Götterdämmerung‹ von Fragezeichen, und dieses fortwährende Fragen und Beantworten einer Frage mit einer neuen Frage ist auch einer der kleinen jüdischen Züge des *Rabbi von Bayreuth* oder, wie man in der deutschen Übersetzung sagt, des Meisters.« (D. Spitzer: ›Wiener Spaziergänge‹. ›Neue Freie Presse‹, 25. Februar 1879.)

Räderung. »Richard Wagners ›Götterdämmerung‹ wurde gestern in Wien zum erstenmal gegeben. Obgleich die Oper stark und also angenehm gekürzt war, dauerte die Aufführung doch gegen fünf Stunden. Nach dieser musikalischen *Räderung* wird man heute keinen eingehenderen Bericht von uns erwarten.« (L. Speidel im Wiener ›Fremdenblatt‹, 15. Februar 1879.)

Räuberkommune. »Jedenfalls ist das juristische Gefühl dieses obersten Gottes (Wotan) wenig entwickelt und man darf sich nicht wundern, wenn die ganze Gesellschaft von Göttern, Riesen und Zwergen eigentlich die höhere *Räuberkommune* bildet.« (Ft. im Berliner ›Fremdenblatt‹ vom 7. Mai 1881, Bericht über die erste Rheingold-Aufführung im Viktoria-Theater.)

Ranzig. In der Wiener ›Hausfrauen-Zeitung‹ wurde 1880 an einem Konzertprogramm die Zusammenstellung des nach *ranzigem* Theaterarchivöl duftenden Meistersingervorspiels mit Schumanns (!!) Egmontmusik ernstlich gerügt.

Ratte und Rattenkönig. »Eine kolossale *Ratte*, ja ein dramatisch-musikalischer *Rattenkönig* ist Wagners Meistersingeroper.« (H. Truhn, 1870.) – Ein Korrespondent aus Karlsruhe schreibt 1860 der ›Deutschen Musikzeitung‹ über das Vorspiel zum ›Tristan‹: »In der Tat eine grausenvolle Musik! Der Eindruck läßt sich schwer beschreiben, den dieses chaotische Tongewirre von herzzerreißenden Akkorden, dieses Meer von dahin sich wälzenden Dissonanzen ohne einen gesunden melodischen Faden, der das verletzte Ohr einigermaßen wieder versöhnen könnte, dieser *Rattenkönig* unaufgelöster, sich selbst mordender Tonfolgen auf den verblüfften Zuhörer gemacht haben. So ungefähr mag die Musik lauten, womit in der ewigen Verdammnis musikalische Bösewichter zur Strafe gepeinigt werden; wer aber hier schon diese Hölle durchmacht, der mag dort frei ausgehen oder ist wenigstens auf die seiner wartenden Qualen gehörig vorbereitet. Mich ergriff ein unheimliches Grauen, als die dumpfen Schauertöne des Vorspiels meinen armen Kopf* wie ein Schraubstock einklemmten und folterten, und es war mir zu Mute, wie wenn jemand mich an den Haaren eine Leiter hinauf- und wieder hinunterzöge« usw.

* Diesem Worte scheint die erste Silbe zu fehlen.

Rein nix! »Auch die Wiener Börse zeichnet sich durch treffenden Witz aus. Bekanntlich wird die Oper ›Die Rheinnixen‹ von Offenbach dort vorbereitet. Ein enthusiastischer Verehrer Offenbachs und erbitterter Gegner Wagners sagte, als er die Nachricht vernahm: ›Rhein-gold, wie heißt? *Rein nix!* Warten Sie auf die Rhein-Nix! Ich sag' Ihnen: Rein Gold!‹« (›Signale‹, 1. Okt. 1863.)

Reklamator. »Richard Wagner ist der größte musikalische *Reklamator*, der je existiert hat und existieren wird; er verfügt auf diesem Gebiete über einen Reichtum der Erfindung, einen Scharfsinn und einen fast nie Ziel und Erfolg verfehlenden Treffer, welche selbst die berühmtesten Meister und Muster der Reklame, wie z. B. Barnum, Ullmann usw. gegen ihn als blöde Anfänger, mit einem Worte als reine ABC-Schützen erscheinen läßt.« (C. Koßmaly: ›Über den Wagnerschwindel‹, Stettiner ›Ostsee-Zeitung‹, 1872.)

Richardleben. »Düser Doctor Dührüng hat eun öntschüdenes Pöch müt dön Wagnörs! Örst römpelte ör süch müt döm Göh-Heum-Rath Wagnör an; jötzt hat ör süch müt döm Proföss̈or Wagnör beum Kragen: schlüßlüch würd ör süch noch müt *Rüchardlöben* beu dön Ohren krügen. Dann aber: Voe vüctübus!« (Berliner ›Montagszeitung‹. NB. Dr. Dühring, Privatdozent an der Berliner Universität, hatte zuerst ein Renkontre mit dem Geheimrat Wagener, dann mit dem Professor Wagner.

Riesenschreiarbeit. »Der Tenorist Herr Glatz, welcher im vorigen Jahre in der Pariser italienischen Oper unter dem Namen Gelassi, dann im Pesther Nationaltheater mit sehr gutem Erfolge auftrat, wurde, nachdem er Probe gesungen, für die Wiener Hofoper engagiert und ihm die Partie des Siegfried zugedacht. Es zeigte sich aber bei den Proben, daß er nicht die Ausdauer für diese *Riesenschreiarbeit* besitze; Herr Jäger trat an seine Stelle.« (Ludwig Speidel, Wiener ›Fremdenblatt‹, März 1879.)

Roheit und Geschmacklosigkeit. »Mich erfüllt es mit bitterem Unmut, daß die urgermanische Götter- und Heldenwelt in einer Weise zur Darstellung gelangen soll, die mir an *Roheit und Geschmacklosigkeit* alles zu überbieten scheint, was gewagt wurde, seitdem unser Theater in der Kulturwelt sich seinen Platz erobert.« (F. Hiller, 1877.) – »›Der Kaisermarsch‹ ist ein Musikstück von so barbarischer *Roheit*, solcher Impotenz in der Erfindung, so schamloser Frechheit in der Anwendung alles erdenklichen Lärmens, daß uns die Überschrift als eine Lästerung, die Aufführung vor einem zivilisierten Publikum als eine grobe Beleidigung erscheint.« (So äußerte sich 1871 ein Münchener Kunstkenner. H. Dorn war sofort damit einverstanden.) – »›Tristan und Isolde‹ ist das Werk eines Mannes, den wir jetzt weit ab gewahren von künstlerischer, menschlicher Sitte und Natur, der die zauberischen Töne der Musik anwendet im Dienste der *Roheit*!« (R. Lienau in seinem ›Echo‹, 1876, Nr. 12.)

Rülpentum. »In diesem ›Siegfried‹ wird das akademische und militärische *Rülpentum* gewisser Junker verherrlicht, welche die Köche und Hausknechte totstechen und den Wirten Braten und Biergläser an den Kopf werfen.« (›Würzburger Stechäpfel‹, 1876, Nr. 35. Nach den Bayreuther Festspielen.)

Rülpsen. Wagners Tristantext:

Zu gierig verschlang er den Schopenhauer,
Doch ist sein Magen ein schlechter Verdauer.
Nun kommt der Tristantext dem Ohr
Wie ein philosophisches *Rülpsen* vor.

Diesen Vierzeiler steuerte Oskar Blumenthal im Jahre 1877 bei.

S

Samum. »Der Kapellmeister Wagner, der in sättigenden (?) Plänen stark, hat einen solchen beim Ministerium eingereicht; natürlich wie das immer bei bescheidenen Plänen ist, auf seine leitende Ausführung berechnet; es soll auch Leipzigs darin gedacht sein, nämlich des dortigen Konservatoriums, welches von Leipzig fort nach Dresden müßte, um erst etwas Ordentliches zu werden. Herr Wagner würde dann gewiß als Direktor desselben den Schülern diejenige Klarheit und geniale Solidität in der Komposition mitteilen, die aus seinen Werken mit der Stärke des *Samum* wehen.« (›Signale‹, 1849, Nr. 5, Januar. ›Signale‹ aus Dresden, C. unterz.)

Sandwüste. »Sollte aber jemand noch so antediluvianisch denken, von einem großen Instrumentalwerk auch musikalische Vorzüge zu verlangen, dann widerfährt ihm Recht, wenn er in Wagners Faust-Ouvertüre wie in einer endlosen *Sandwüste* sich vorkommt.« (Ed. Hanslick, 1856.)

Sargdeckel. »Wir aber wollen, um mit einem närrischen Ausdruck des überschwenglichen Beethovenkommentators Staatsrat von Lenz zu schließen, das Wagnersche Vorspiel (zu ›Tristan und Isolde‹) als den *Sargdeckel* des Zukunftsthemas betrachten, und in der Hoffnung auf den versprochenen späteren Leichenstein beruhigt von ihm Abschied nehmen.« (›Deutsche Musikzeitung‹, Wien 1860, Nr. 35.)

Satyr. »In dem gemeckerten Schneiderchor im 3. Akt (der ›Meistersinger‹) entblödet sich Richard Wagner nicht, eine Melodie aus Rossinis ›Tancred‹, das bekannte ›Di tanti palpiti, di tante pene‹ herauszureißen und den großen Melodiker zu verspotten. Rossini neben Wagner! Wie sagt doch Hamlet? ›Ein Apoll bei einem *Satyr*‹. Die einzige Cavatine im ›Barbier‹: ›Frag ich mein beklommen Herz‹, hat ja mehr musikalischen Wert als die ganze dickleibige Meistersingerpartitur.« (Dr. Isidor Kastan, ›Berliner Volkszeitung‹, 1870.)

Schafsköpfe. »Wagner als den Gipfel der möglichen Kunstentwickelung proklamieren, ist einfach eine Lächerlichkeit, die wir Leuten überlassen, welchen der Himmel eine genugsam harte Stirn gab, um damit gegen die Ehrentempel der früheren Meister gleich den eisernen *Schafsköpfen* der antiken Mauerbrecher (aries) anzustürmen.« (A. W. Ambros: ›Wagneriana‹, ›Neue Freie Presse‹, 1871.)

Scharlatan. »Wagner spannt die Phantasie gewaltsam an, nicht durch das Medium des Gemüts und des Gewissens, wie alle großen Dichter und Komponisten, sondern unmittelbar, wie alle Romantiker, *Scharlatane* und Magiker.« (Julian Schmidt, 1858?) – »Dreiste Musik-*Scharlatane* werden in Berlin fetiert.« (So klagte der ›Beobachter an der Spree‹ nach dem Festessen zu Ehren Wagners; Berlin, Mai 1871.)

Schauderhafte Harmonien. »Die Dunkelheit des Ausspruchs:

Durch Mitleid wissend,
Der reine Tor –

(im ersten Akte des ›Parsifal‹) wird von *schauderhaften Harmonien*, mit einer Qintenfortschreitung an der Spitze und einer wahnsinnigen Akkordauflösung am Schlusse, noch verstärkt.« (Max Kalbeck, ›Wiener Allgemeine Zeitung‹, 1882.) Der Leser könnte aus dieser Schilderung auf eine schreckliche Musik schließen. Daß es nicht so schlimm ist, wie Kalbeck uns glauben machen will, lehrt das Notenbeispiel:

Die angeblich »wahnsinnige« Akkordauflösung ist in Wirklichkeit eine schlichte »plagale Cadenz«, wie sie in unserer kirchlichen Musik noch jetzt sehr häufig vorkommt. Verglichen mit den kakophonischen Tonmischungen der »Allerneuesten« klingen diese Akkorde Wagners – harmlos. Wir haben riesige »Fortschritte« gemacht in den letzten 21 Jahren!

Schaute. »Wagner ist konfuse und betorkelt, sowie er macht Musik, mit aanem Wort aane cumpenierende *Schaute.*« (Isaac Moses Hersch: ›Herr Richard Wagner, der musikal'sche Struwelpeter‹, 1876.) – Der Normal-Berliner besitzt die fatale Neigung, sich manchmal in schnoddrigen Redensarten zu ergehen, die er selbst für geistreiche Einfälle hält. Wer aber nicht daran gewöhnt ist, findet seine Kalauer oft widerwärtig; z. B. den Text zu Siegfrieds Heldenmotiv:

Dieser emsig kolportierte »Witz« bildete 1876 einen Nachklang zu den Bayreuther Festspielen!

Scheune. »Ein Brief, den Herr Edmund Neukomm veröffentlichte, gibt uns von dem Bauwerk zu Bayreuth eine klägliche Vorstellung. Es ist groß, einförmig, kalt und häßlich wie eine ungeheure *Scheune* oder eine mächtige Feldbaracke. Der Zuschauerraum ist gedrückt, die Höhe der Bühne beträgt dagegen 96 Fuß. Das Innere ist von abstoßender Nacktheit und Einförmigkeit. Es gibt da weder Logen noch bevorzugte Plätze.« (G. Stradina: ›Der Tempel zu Bayreuth.‹ Aus dem Pariser Journal: ›L'art musical‹, 1875, Nr. 34, übersetzt in der ›Neuen Berliner Musikzeitung‹.)

Scheusal. »Ein musikalisches *Scheusal*, eine aus Abgeschmacktheit und Brutalität zu gleichen Teilen gemischte Mixtur ist die

Ouvertüre zum ›Fliegenden Holländer‹.« (›Deutsche Musikzeitung‹, Wien, 1861.)

Schiffstaue. »So dick wie *Schiffstaue* müssen die Gehörnerven sein, will einer aus dem Lärm einer Wagnerschen Oper heil hervorgehen.« (Puschmann, 1872.) – »Das war aber alles noch nichts gegen den ›Ritt der Walküren‹, der nun losgebrannt wurde! Heiliger Paffnuzius, dazu gehören aber Nerven von *Schiffstauendicke*! Welch ein Zischen, Krachen, Blöken, Klatschen und Heulen brodelt uns hier entgegen, ein Hagel von Spitzkugeln usw. Wir werden gespießt, skalpiert und in Petroleum gebraten.« (›Echo‹, 1877, Nr. 10: ›Ein Karnevalsbrief aus Köln.‹)

Schikaneder. »Wagner ist sich sein eigener *Schikaneder* geworden.« (Karl Gutzkow: ›Die neuen Serapionsbrüder‹, Band II, S. 86.) Es ist von einem die Rede, der auf der Suche nach Wagners einer Hälfte, der sogenannten »Dichterschaft« begriffen. 1877.

Schmerzensgeld. »Der Vorschlag Richard Wagners, vom Reichstag einen jährlichen Zuschuß von 100000 Mark für das Bayreuther Unternehmen zu verlangen, ist so übel nicht, nur müßte diese Summe nicht, wie Wagner will, zur Kreierung von Freistellen für Arme, die den Festspielen beiwohnen wollen, sondern als *Schmerzensgeld* für die Armen, die ihnen beigewohnt haben, verwendet werden.« (›Ulk‹, Berlin, 1. Febr. 1877.)

Schmerzenskind. »Endlich ist das neueste *Schmerzenskind* des (Münchener) Hoftheaters, Wagners ›Rheingold‹, erschienen und hat seine verblüffende Wirkung auf das gedrängt volle Haus ausgeübt, das sich in Gegenwart des freudig begrüßten Königs sehr passiv verhielt. Sobald aber der Monarch seine Loge verlassen hatte, brach ein immenser Tumult von Beifallsrufen und Gezisch aus, bis die Enthusiasten die Oberhand behielten, da die Höflichkeit bei wieder aufrollendem Vorhange nicht gestattete, die abgemüheten Darsteller für eine fast vierstündliche Anstrengung büßen zu lassen. Der Erfolg der Oper war aber im günstigsten Falle nur ein Succès d'estime, der Höflichkeitsphrase, welche so viel heißt, wie ›Leuchten Sie diesem Herrn‹, wenn man jemanden hinauswerfen will. Und die jüngsten Kinder der Wagnerschen Muse sind in der Tat dem Münchener Repertoire aufgezwungene Eindringlinge.« (›Echo‹, 29. September 1869.)

Schnorrer. »Wagner gebärdet sich nicht nur wie ein Musik-, sondern wie ein Kunstpapst, der unfehlbar ist, allein lösen und binden kann und, wie der wirkliche Papst die Peterspfennige, selbst die Wagnerspfennige einsäckelt. Kurz: er war und ist das, was man auf jüdisch einen *Schnorrer* nennt.« (Richard Wüerst, Berliner ›Fremdenblatt‹, 1869.)

Schofel. Die Pariser ›Patrie‹ wollte 1872 entdeckt haben, daß die Direktion der Oper und der schönen Künste in Berlin dem Hausminister Grafen von Schleinitz oder vielmehr und eigentlich seiner Gemahlin übertragen sei. Die Berliner Musikzeitung ›Echo‹ knüpfte in ihrer Nummer vom 18. September 1872 folgende Bemerkung daran: »Dem französischen Blatte können wir versichern, daß, wenn bei uns eine solche Stelle existierte und dieselbe solchen Händen anvertraut wäre, wir nicht mehr von schönen, sondern nur noch von *schofelen* Künsten sprechen würden.«

Schrecken der Schrecken. »Die unendliche Melodie Wagners, der *Schrecken der Schrecken* für jeden musikalisch gebildeten Hörer, ist ohnedies schon überreich an Absurditäten und monströsen Zumutungen an Sänger und Hörer.« (H. M. Schletterer: ›Richard Wagners Bühnenfestspiel‹, 1876.)

Schrecklich. »Die königliche Oper, welche unter der Einstudierung von ›Tristan und Isolde‹ transpiriert, wird nächstens wieder Richard Wagners ›Meistersinger‹, die *schrecklichste* aller *schrecklichen* Opern, zur Aufführung bringen.« (Berliner ›Montagszeitung‹, November 1875.)

Schüler. »Wagners Instrumentation ist dort, wo er gleichsam den Mund zu voll nimmt, um der Himmel weiß was alles auszudrücken, so verworren, daß der ruhige, besonnene Musikkenner nur den Kopf schütteln und lächeln kann über solche Instrumentationsleistungen, die noch ganz die ersten unklaren Versuche des *Schülers* verraten.« (›Richard Wagner und Jakob Offenbach‹, Altona 1871.)

Schulmeister. »Im Jänner 1860 begegnete man an allen Ecken und Enden von Paris einer merkwürdigen Erscheinung. Es war ein Mann von mehr als 45 Jahren. In seinen Bewegungen lag etwas *Schulmeisterliches*, Unbehilfliches, das lebhaft an die Haltung deutscher Küster erinnerte, die immer so aussehen, als hätten sie ihren zu engen oder zu weiten Rock vom Gevatter Nachbar entliehen. Dieser Mann war Richard Wagner.« (Alfred von Wurzbach: ›Zeitgenossen‹, 10. Heft: ›Richard Wagner‹,

1871.) – »Und älter ist Wagner geworden, viel Grau hat sich in sein Haar gemischt und seine Magerkeit kann man eine transzendentale nennen. Noch schärfer als früher prägt sich in seinen Zügen der Doktrinär, der Pedant, der sächsische *Schulmeister* aus.« (L. Speidel über das Wagnerkonzert in Wien am 12. Mai 1872.) – Heinrich Laube veröffentlichte in der ›Neuen Freien Presse‹ (1883) ›Lebenserinnerungen‹. Der Verfasser erblickt in den Operndichtungen Wagners *Dorfschulmeister*-Poesien. »Seine Textbücher werden immer eine Merkwürdigkeit bleiben. Man wird später aus ihrem Deutsch und ihren Versstößen (?) schließen, daß sie von einem alten *Dorfschulmeister* herrühren, welcher auf Hochzeits- und Begräbniskarmina eingeübt war. In der Tat beleidigen sie recht unangenehm ein deutsches Ohr.« – »Der zweite Akt der ›Walküre‹ leidet außer durch seine musikalische Dürftigkeit noch besonders an der Manie Wagners, bei rein epischen Erörterungen zu verweilen. – – Es bildet überhaupt die große dramatische Schwäche des ›Nibelungenringes‹, daß uns immer wieder haarklein erzählt wird, was wir schon wissen.« – »Die Willenskraft Wagners muß jedem Unbefangenen imponieren, und die dämonische Gewalt, wodurch dieser kleine Sachse mit seinen linkischen, *schulmeisterlichen* Manieren Menschen und Dinge zwingt, sich ihm zu fügen, ist schon an sich geeignet, unser Interesse gefangen zu nehmen.« (Dr. Kastan, August 1876.) – »Mir kimmt Wagner vor wie aan Schmetterling in graaßen Stulpenstiefeln und fallt mer jedes Mal ein, so oft ich seh saan oltes *Schulmeistergesicht*, doß er gern möcht raasbeißen dörch a Molermütz à la Rubens, dos berliner Wort: ›es ginge woll, aber es geht nich‹.« (Isaac Moses Hersch: ›Herr Richard Wagner, der musikal'sche Struwelpeter‹, 1876.)

Schund. »Haben Sie Wagners ›Meistersinger‹?« – »Nein, solchen *Schund* angeschafft zu haben, könnte ich niemals verantworten. Hätten wir Geld wegzuwerfen, dann würde ich als ›abschreckendes Beispiel‹ die Partitur ins Lesezimmer geben« –, antwortete der Chef einer deutschen Bibliothek im Jahre 1868.

Schuster, »einem solchen traut man eher als Wagner das endlose, unglaublich schwache Evalied zu, welches Hans Sachs im II. Akte der ›Meistersinger‹ zum Besten gibt.« (R. Wüerst, Berlin, 1870.)

Der ›Kladderadatsch‹ enthielt 1870 folgende Ansprache:

Hans Sachs an seinen Verarbeiter:
– – – wie Ihr mich habt versohlt.

Daraus erkenn' ich aufs Klarste nun,
Daß Ihr mehr Anlag' habt zu Schuh'n:
Drum wollt bei Eurem Leisten bleiben!

Schusterbubenoper. »Die neueinstudierten ›Meistersinger‹ (Wagners *Schusterbubenoper*, analog gebraucht, der von einem Leipziger Blatte zitierten Ziegenoper Dinorah) haben sechs anstrengende Proben gekostet.« (›Echo‹, Berlin, 26. November 1873.)

Schwabbelhänschen. »Wagners kunstphilosophische und politische Aufsätze verweise ich in das Gebiet, wo *Schwabbelhänschen* König ist.« (H. Dorn: ›Aus meinem Leben, musikalische Skizzen.‹ 1865.) »Wagner hört sich gern sprechen, leider geschieht das in einer Weise, deren Inhaber von ihren sächsischen Landsleuten selber mit dem Epitheton ornans *Schwabbelhänschen* bezeichnet werden.« (H. Dorn, 1865.)

Schwätzer. »Von der auf vier Abende bestimmten Riesenmahlzeit ist die ›Walküre‹ der einzige Gang, der einem dauernden und nachhaltigen Appetit entgegenkommt, und dies um so mehr, je energischer man sich entschließt, den unnützen Wortschwall, insbesondere des zweiten Aktes zu beschneiden. Wenn auch schon manches geschehen war, um dem schwachen *Schwätzer* Wotan gründlich das Handwerk des Wiederkauens zu legen, so war doch immer noch das Gefühl des Überflüssigen und dramatisch Unnötigen nicht zu unterdrücken.« (›Berliner Börsenzeitung‹, 14. Oktober 1882.)

Schwimmproduktion. »Stefan Heller, welcher der Probevorstellung des ›Rheingold‹ in München beiwohnte, lieferte dem Karlsbader ›Sprudel‹ (12. September 1869) ein Feuilleton über diese ›große musikalische *Schwimmproduktion* in einem Tempo‹.« (So berichtete die Berliner ›Vossische Zeitung‹ am 19. September 1869.)

Schwimmschule. Eine vereinigte *Schwimm- und Gesangschule* nennt der ungenannte französische Verfasser eines Artikels über Wagners ›Nibelungenring‹ die erste Szene des ›Rheingold‹. (›Revue et Gazette musicale‹, 1863, Nr. 28.)

Schwulst, sprachverrenkender. »Herrn Lipiners Textbuch ist in einer poetischen Sprache abgefaßt, die gleichweit absteht von den trivialen Reimereien unserer Dutzend-Librettos wie von dem sprachverrenkenden *Schwulst* Wagners.« (Eduard Hanslick: Rezension über Goldmarks ›Merlin‹; ›Neue Freie Presse‹, 25. November 1889.)

Seekrank. »In der Tat, wenn man die Literatur der Zukunftsmusik liest, so schwankt das Gefühl aufs seltsamste zwischen Teilnahme und *Seekrankheit.*« (Louis Ehlert: ›Briefe über Musik.‹ 1859.)

Seekrankheit. »Sonst geht durch die ganze Darstellung (des ›Rheingold‹) dasselbe unruhige Wogen und Drängen, das den Hörer und gerade den Aufmerksamsten zumeist, alsbald in einen der *Seekrankheit* ähnlichen Zustand versetzt, und jene peinliche Ermüdung und qualvolle Abspannung erzeugt, wie sie eben Wagners spätere Werke so vielfach hervorrufen.« (H. M. Schletterer: ›Richard Wagners Bühnenfestspiel.‹ 1876.)

Selbstberäucherung. »Ihre beiden Waffen, mit denen Sie gegen die von Ihnen fingierte Verschwörung (des Judentums) zu Felde ziehen, sind die Denunziation und die *Selbstberäucherung.*« (Arthur v. Truhart: ›Offener Brief an Herrn Richard Wagner‹, Petersburg, 1869.)

Selbstberäucherungsmaschine. »Richard Wagner scheint jetzt im Zuge zu sein. Erst mordet er die Komponisten der Vergangenheit und Gegenwart, nun aber auch die Dirigenten. In seinem jüngst erschienenen Schriftchen: ›Vom Dirigieren‹ (die Brendelsche ›Neue Zeitschrift für Musik‹, die Posaune und *Selbstberäucherungsmaschine* der Zukunftsmusiker brachte dieses Schriftstück zuerst) zählt er 24 Dirigenten auf usw.« (›Berliner Brille, Organ für Bühne und Leben‹, 8. April 1870.) NB. Dieses Organ vegetierte als Beiblatt zum ›Publizisten‹.

Selbstvergötterung. »Von wahrhaft musikalischer Komik ist nirgends eine Spur zu finden, das emphatisch hinaufgeschraubte Wesen Wagners, seine feierliche bombastische *Selbstvergötterung* würde jeden Funken echten Humors ersticken. Nur unfreiwillig komisch wirkt er zuweilen.« (W. Lübke: ›Richard Wagners ‚Meistersinger' in Karlsruhe.‹ ›Neue Freie Presse‹, 5. März 1869.) – »Wir schlagen das widerwärtige Buch zu. (Herr Hanslick kritisiert ›Das Judentum in der Musik‹.) Für die Charakteristik Wagners hat es eigentlich nur ein psychiatrisches Interesse. Die maßloseste *Selbstvergötterung* hat hier einen Gipfel erstiegen, auf dem ein Mensch mit gesunden Gehirnfunktionen nicht mehr zu atmen vermag. Man muß unwillkürlich an den alttestamentarischen Vorgänger Wagners, an König Nebukadnezar denken, der sich so lange für einen Gott hielt, bis er sich in einen ganz gewöhnlichen Ochsen verwandelte, Heu fraß und von Verdi in Musik gesetzt wurde.« (Ed. Hanslick, ›Neue Freie Presse‹, 9. März 1869.)

Selbstvergötzung. »Der schlichte, bescheidene, anspruchslose Mozart hatte zurzeit, wo Größenwahn und *Selbstvergötzung* in den Augen der Menschen noch nicht für Genie galten, in jedem seiner fünf Finger (hatte Mozart bloß fünf Finger?) mehr Musik, als in seinem ganzen Leibe, das gesamte Arsenal seines Sardanapalischen Apparattrödels inbegriffen, ›der Meister‹ hatte, um dessen Sarg her der gemachte Fanatismus mit der Bildungsphilisterei einen Schamanentanz komödiantischer Trauer aufführte.« (Johannes Scherr in der ›Gegenwart‹, Berlin, März 1883.)

Skelett. »Der geräuschvolle ›Kaisermarsch‹ mit seiner prachtvollen Instrumentation und Leere an Gedanken kam uns vor wie ein *Skelett* in prächtiges Gewand gehüllt.« (›Echo‹, Berlin, 1873. Bericht aus Aachen.)

Sophist. »Ein wenig Dichter, ein wenig Literat, ein Demokrat und großer *Sophist* mit schwacher poetischer wie literarischer Fähigkeit, will Richard Wagner etwas aus der Kunst hervorbringen, was dieselbe nie enthalten kann, ohne ihr eigenes Wesen zu verleugnen: reine Begriffe und Symbole.« (P. Scudo, Paris, 1861.)

Speichellecker. Schletterer gebraucht diesen Ausdruck; nach Chrysander ist Wagner ein kriechender *Speichellecker*. H. Dorn spricht von einem »königl. bayrischen *Speichellecker*«, dagegen lautet ein Spruch im Wiener ›Floh‹, 1870, Nr. 19:

> Richard Wagner ist ein Mu-
> sikus und Poet dazu,
> Es leckt ihm König Lu-
> dewig den Staub vom Schuh.

Spektakelmacher. »Die Partitur einer neuen Sinfonie unter den Rockflügeln sah ich den Wiener Hoforganisten Anton Bruckner in unverkennbarer beklommener Stimmung nach der Schwelle des größten *Spektakelmachers* unseres Jahrhunderts wallen.« (Martin Greif: ›Richard Wagner in Bayreuth‹, ›Neue Freie Presse‹, März 1874.)

Spektakelnummer. »Wir bedauern, es aussprechen zu müssen, daß wir, und gewiß recht viele mit uns, der Schlußnummer des Konzerts: ›Kaisermarsch für Orchester und Chor von Richard Wagner‹ keinen Beifall zollen konnten. Diese *Spektakelnummer* – denn ein anderes Epitheton für diesen Marsch wüßten wir nicht – die überall mehr als in dieses Konzert hingehört hätte, konnte nur Betäubung, nicht aber Genuß gewähren, und es verstimmte, daß dem interessanten Abende nicht ein mehr angemessener und mehr befriedigender Abschluß zuteil geworden war.« (E. Hamel über das 2. Jubiläumskonzert der Hamburger Bachgesellschaft; Hamburger ›Reform‹, 2. Oktober 1880.)

Spektakelschluß. »Der wohlfeile *Spektakelschluß*, jener geigenumheulte und -umwinselte Pilgerchor, bleibt uns erspart.« (Ed. Hanslick, über die Tannhäuseraufführung in Wien, November 1875.)

Spinnennetz. »Die Wagnerreligion hat in Deutschland nicht bloß ihre Anbeter, sondern auch ihre Proselytenmacher. Bereits ist ein ganzes *Spinnennetz* von Wagnervereinen über ganz Deutschland verbreitet, in welchen das neue Musikevangelium gepredigt wird.« (Oskar Blumenthal im ›Berliner Tageblatt‹ vom 19. Juli 1877.)

Spott. »So rollt' ich denn wieder wohlgemut hin auf unserer Westbahn, diesmal aber zum Glück nicht nach Bayreuth, wo Jean Paul von Richard Wagner – der Gott vom *Spott* – entthront wurde, sondern nach der schönen Mozartstadt an den Ufern der Salzach.« (L. Speidel: ›Vom Salzburger Musikfest.‹ Wiener ›Fremdenblatt‹, 19. Juli 1877.)

Sprachschnitzer. »Wir möchten aber wohl wissen, was an Wagners Textbuch ›Der Ring des Nibelungen‹ national ist? Nicht einmal der Titel, welcher einen argen *Sprachschnitzer* enthält, da er ja richtig heißen müßte: ›Der Ring des Nibelungs‹.« (Ludw. Speidel in seinem Schlußworte über das Bühnenfestspiel. Wiener ›Fremdenblatt‹, 15. Oktober 1876.) Das ist ein ganz neuer Vorwurf! Wahrscheinlich sind bisher auch die Worte »Junge« und »Range« falsch dekliniert worden: man wird beispielweise fortan sagen müssen: »Die Arroganz dieses literarischen Straßenjungs, dieses frechen Rangs ist wirklich unerhört.«

Stachelbeeren, unreife; »wie diese schmeckte mir die Musik zu den ›Meistersingern‹.« (H. Truhn [?], 1870.)

Stampfmühle. »Die hervorragendsten Leitmotive der ›Götterdämmerung‹ stammen aus den drei vorhergehenden Opern, sind daher mehr als hinlänglich bekannt. Von Anfang an hörten wir wieder die *Stampfmühle* des Orchesters.« (L. Speidel, Bericht über die erste Aufführung der ›Götterdämmerung‹ in Wien. 16. Februar 1879.)

Sterilität, trostlose, des ›Lohengrin‹! »›Die Afrikanerin‹, die schwächste Schöpfung Meyerbeers, verhält sich, was Frische und Ursprünglichkeit der Produktion anbelangt, noch immer zum ›Lohengrin‹, wie das gesegnete Indien zu einer nordischen Haide.« (O. Gumprecht, 1866.)

Stimmenherostrat. »Man braucht nicht gerade ein weiser Daniel zu sein, um zu prophezeien, daß sich an der Vier-Abend-Oper, dem ›Ring der (!) Nibelungen‹ im nächsten Jahre zu Bayreuth ein halbes Dutzend Opernkünstler den Kehlkopf einrennen werden. Wir sind wirklich neugierig, ob es dem großen *Stimmenherostrat* gelingen wird, für seine Monstrumoper eine genügende Anzahl von tollkühnen Wagehälsen anzuwerben.« (H. Truhn, Berliner ›Montagszeitung‹, 26. August 1872.)

Stotterpoesie. »Wie wirkt auch die majestätisch ausschreitende Nibelungenstrophe mit der freudigen Klangvermählung ihrer Reime erquicklich, wenn man eine Stunde lang durch die eintönige Musik der Stabreime ermüdet worden ist, die uns ohnehin durch Wagners anmaßliche *Stotterpoesie* verleidet worden sind.« (Oscar Blumenthal: Referat über W. Jordans ersten rhapsodischen Vortrag, November 1880. ›Berliner Tageblatt‹, 12. Novbr. 1880.) – Von den ›Xenien‹, die Wilhelm Jordan 1895 veröffentlichte, ist eine gegen Wagners alliterierenden Nibelungentext gerichtet:

Doch unsäglich albern
Ist das stümperhafte *Gestotter* im Stabvers.
Die hohen Helden verhunzt es kläglich
Zu täppischen Tölpeln.

Straßenjunge. »Man wäre wirklich versucht, die Verleumdungen, welche der ›große‹ und ›verkannte‹ Zukunftskomponist Richard Wagner unter dem Titel: ›Das Judenthum in der Musik‹ zu aller Welt Ärger veröffentlicht, mit einem mitleidsvollen Lächeln zu übergehen, denn niemand wird es einfallen, sich gegen *Straßenjungen* zu wehren, die ihn auf offener Straße beleidigen, auch der gute Mond läßt sich ruhig von den Hunden anbellen, denen sein Glanz nicht angenehm ist.« (›Der zukünftige Musik-Heiland vor der öffentlichen Meinung‹. Leipzig 1869.)

Strapaziös. »Mozarts ›Cosi fan tutte‹ ist im Opernhause wieder in Szene gegangen und die Musik voll süßer Melodie, Grazie, heiterer Charakteristik und Wohllaut hat nach dem *strapaziösen* Genusse des ›Lohengrin‹ den erquickendsten Eindruck gemacht.« (›Signale‹, 1859, Nr. 8, Notiz unter »Berlin«.)

Stroh. »Wunderbare Zwittergeschöpfe sind ›Lohengrin‹, ›Tristan‹, ›Nibelungen‹; in Gedanken zauberhaft ansprechend und mondbeglänzt, aber eines immer etwas poetisch verzweifelter als das andere, roher und gewaltsamer in der Mache, zuletzt das reine *Stroh.*« (›Didaskalia‹, 1872, Nr. 213.) – Ein namhafter Musiker, der schon lange über die ›Walküre‹ räsonniert hatte, ohne das Werk zu kennen, faßte endlich den Entschluß, einer Aufführung beizuwohnen. Er lieh sich den Klavierauszug und gab ihn nach wenigen Tagen mit der kurzbündigen Erklärung zurück: »Viel *Stroh*!« Dieser Mann lebt heute noch in Berlin, vergnügt und gesund; auch der ›Walküre‹ (mit dem vielen Stroh!) geht es bekanntlich recht gut: sie wird in Deutschland alljährlich etwa 120mal gegeben.

Struwwelkopf. In Baden (Schweiz) wurde am 13. Mai 1875 die Eröffnung des Kurhauses durch ein Konzert gefeiert. Über eine zur Aufführung gelangte Haydnsche Sinfonie äußerte sich »Der lokale Musikmatador« (wie ›Echo‹ bemerkt) also: »Im ganzen gefällt uns der Haydnsche Genius nicht, es ist ein ziemlich langweiliger Zirkeltanz um ein ödes Zentrum.« Dazu bemerkt ›Echo‹ (1875, Nr. 22) in sehr gereiztem Tone: »Gut gebrüllt, Löwe! Du hast das Stichwort der neudeutschen Schule wohl kapiert! Die neudeutsche Schule ist aber glücklicherweise nicht die deutsche Nation, und der letzteren in ihrem größeren, besseren Teile ist der Haydnsche Zopf tausendmal lieber als der moderne *Struwwelkopf*, für den Du und Deinesgleichen schwärmen.«

Struwelpeter. »Herr Richard Wagner, der musikalische *Struwelpeter*, saane naiste Oper: Crischan Isosolldich! saane grauße Cacophonie ßu Bayreuth un saan forchtbarer Tod.« (Aus einer im jüdischen Dialekt geschriebenen Broschüre, Alsleben a. d. Saale, 1876. Der Verfasser hat sich nicht genannt.)

Sturm im Spülnapf. H. F. Chorley, der Nestor der Musikreferenten Londons, wohnte der Generalprobe zum ›Rheingold‹ in München bei und berichtete darüber für das ›Athenäum‹ vom 11. Sept. 1869. Er stimmt im wesentlichen mit Hanslick überein und sagt am Schlusse seines Artikels: »Niemals fürwahr ist einem ein solcher *Sturm in einem Spülnapfe* vorgekommen!«

Sünde. »Nach all dem Lärm, welchen eine dem Komponisten befreundete Kritik in der Presse, namentlich von Weimar aus, geschlagen hatte, erwartete man ein musikalisches Wunder. Wagners Musik ist eine große musikalische *Sünde*, welche ihm das Publikum ebensowenig verzeihen wird, als dem Tannhäuser der Sage dereinst seine Sünden verziehen wurden.« (Aus einer Kritik des ›Frankfurter Conversationsblattes‹ über die erste Aufführung des ›Tannhäuser‹ in Frankfurt a. M., 15. Febr. 1853.)

Sudelwetter. »Selbst bei Richard Wagner wird es schwer halten, so grauliches musikalisches *Sudelwetter* wiederzufinden.« (Wiener ›Fremdenblatt‹, Novbr. 1875, über die neue Musik zum ›Venusberg‹.)

Sumpfwasser. »In einem nach andern Prinzipien verfaßten Werke würde man sich um das Quintett (›Meistersinger‹, III. Akt) gar nicht kümmern. Aber freilich Verdürstende nehmen auch mit einem Mund voll *Sumpfwasser* fürlieb.« (R. Wüerst, 1870.)

T

Talmud-Schnüfflernase. »Auch der namentlich in Berlin gedeihende Wagnersemite fehlte nicht, der trotz der Angriffe des großen Musikmonopolisten gegen die jüdische Konkurrenz sowohl in dem munter vordringlichen Wesen des Meisters wie in der langen *Talmud-Schnüfflernase* desselben deutliche Spuren einer früheren Stammesverwandtschaft erraten hat. Man erzählt, daß Wagner selbst nichts mehr scheut als die Entdeckung seiner jüdischen Abstammung, und er sieht es deshalb ungern, wenn man seinen Namen abgekürzt ›R. Wagner‹ schreibt, weil er besorgt, derselbe könnte Rabbi Wagner gelesen werden.« (D. Spitzer: ›Ein Tag während der Bayreuther Schreckenszeit.‹ ›Neue Freie Presse‹, 1876.)

Tanne-aux-airs par M. Vagues-Nerfs. Unter diesem Titel brachte das Pariser ›Journal amusant‹, 1861, eine Parodie. Elisabeth wird darin Elisa-bête genannt.

Tannhauser. Dieses neue französische Verbum tauchte 1861 auf, als Wagners ›Tannhäuser‹ in Paris gegeben und umgebracht wurde. *Tannhauser* bedeutet ennuyer, wohl von tanner, gerben, synonym langweilen, belästigen. Die ›Signale‹ konjugierten das Zeitwort am 28. März 1861; dort heißt es: »Man hat den Tannhäuser in Paris zu einem Verbum nach der ersten Konjugation gemacht. Präsens: je tannhause, tu tannhauses, il tannhause; Passé défini: je tannhausai; Futur: je tannhauserai; Participe présent: tannhausant.« – Nach der Aufführung des ›Tannhäuser‹ in Paris schrieb Mérimée an seine Unbekannte: »On s'ennuie aux récitatifs et on se *tannhause* aux airs«, auf deutsch: »Man langweilt sich bei den Rezitativen und mopst sich bei den Arien.«

Teemaschineneffekte. »Nachher kam die Introduktion zum ›Lohengrin‹ mit ihren still siedenden *Teemaschineneffekten.*« (›Stimmen aus Paris‹ über Wagners Konzert am 25. Januar 1860; ›Niederrheinische Musikzeitung‹, 1860, Nr. 6.)

Telegraphenstange. »Ziehe man in einer Wagnerschen Oper dem Sänger das Orchester unter den Füßen weg, so steht er da wie eine *Telegraphenstange* und was er singt, klingt wie eine ungeschickt gesetzte zweite Geige oder Bratsche.« (H. M. Schletterer: ›Richard Wagners Bühnenfestspiel‹, 1876.)

Teppichmuster. »Wie würde Schumann erst über die ›Nibelungen‹ geurteilt haben, über dieses Werk ohne Gesang, ohne musikalische Entwicklung, das sich mit seinen gereihten und gekreuzten Leitmotiven ausnimmt wie ein ungeheures *Teppichmuster.*« (L. Speidel über die erste Wiener Aufführung des ›Rheingold‹. Wiener ›Fremdenblatt‹, 27. Januar 1878.)

Teufelslärmmusik. »Nichts von alledem in der *Teufelslärmmusik* dieses eisenstirnigen, mit Blech und Holz ausgefütterten, von Mephistopheles mit den mephitisch giftigsten Höllendünsten einer zerstörerisch tollen Selbstsucht zum Faust, als Beelzebubs Hofkomponisten und Generaldirektor der Höllenmusik, aufgeblasenen Wagner. Nur ein solcher Höllendampf pustender, pedantisch-hölzerner Wagner konnte ›Die Meistersinger von Nürnberg‹ komponiert haben.« (J. L. Klein: ›Geschichte des Dramas‹, VIII. Band; 1876 vom ›Echo‹ mitgeteilt.)

Thersites. »Wie in Deutschland, so regnet es auch in London Gegenschriften gegen Richard Wagners judenfeindliche Broschüre. Das ›Athenäum‹ bringt eine Kontroverse, unterzeichnet F. C., die an hahnebüchener Grobheit nichts zu wünschen übrig läßt. Wie kann ein solcher *Thersites*, heißt es da, es wagen, Mendelssohn, den letzten der großen Deutschen (the last of the great Germans) anzugreifen? Weiß er nicht, daß die Rachel, die große Tragödin, eine Jüdin war, so auch die Pasta, die Königin der Oper, den Stämmen angehörte?« (›Echo‹, Berlin, April 1869.)

Tierquälerei. Am 12. Mai 1854 wurde in Mainz der ›Tannhäuser‹ zum ersten Male gegeben; am nächsten Tage stand in der ›Mainzer Zeitung‹ u. a.: »Herr Peretti (Tannhäuser) tat sein Möglichstes in dieser Rolle, welche eigens dazu geschrieben scheint, die Tenoristen systematisch zugrunde zu richten, konnte uns aber nicht ansprechen und müssen wir diese Partie als eine *Tierquälerei* betrachten.«

Tor. Der Koloß zu Rhodos.

Motto: »Richard Wagner, das Judentum in der Musik.«

Mit einem Bein – mit seinen Werken! – steht er
In ferner Zukunft; mag's ihn auch verletzen!
Mit seinem andern Bein – der Bildung ! – geht er
In die Vergangenheit zu Judenhetzen!
»Doch – in der Gegenwart, was stellt er vor?«
Er! der Koloß zu Rhodos war ein *Tor*!

F. A. L. (Leo.)

(›Vossische Zeitung‹ vom 19. März 1869.)

Töten. »Wir leben in Kriegszeiten! Der sogenannte Reformator sendet uns seinen Ritter Lohengrin. Vom großen Turme Bolognas sieht man ihn bereits herannahen, – eilen wir auf die Wälle der Stadt und *töten* wir ihn, bevor er sein Ziel erreicht!« (›La Fama‹, Mailand, 1871. Freundlicher Hinweis auf die in Bologna bevorstehende Aufführung des ›Lohengrin‹!)

Tohubohu. »Diese ohrenmarternde, nervennergelnde, haarwurzeltötende Musik hat alles, nur keine Melodie. Der ›Tannhäuser‹ ist ein *Tohubohu* rätselhaft verschlungener Harmonien, aus deren unerforschlicher Tiefe uns das bange Gefühl mitternächtiger Langeweile angähnt.« (E. M. Oettinger: Brief an Alex. Dumas, 1860.) – »Wir sind nicht imstande, dem ›Vorspiel‹ als Musikstück auch nur den mindesten Geschmack abzugewinnen. Es ist reizlos, wüst, unüberschaulich, weil ohne gehörige melodische und rhythmische Gliederung, die Erfindung ist eben so barock wie die Ausarbeitung unorganisch, verworren und unbeholfen. In dem ganzen Stücke ist nichts, woran entweder der Laie oder der Musiker Freude haben könnte. – Ein Chaos, ein *Tohu-Wabohu* ist vorhanden, weiter nichts. – Dieses ›Vorspiel‹ mit seinem aller Heiterkeit absolut baren, rohen und lärmenden Wesen, mit seiner ungesunden Aufgedunsenheit, läßt in der Tat keinen günstigen Schluß auf die Fähigkeit Wagners zur komischen Oper ziehen.« (›Signale‹, 1862, Nr. 45. Beurteilung des Meistersingervorspiels, dessen erste Wiedergabe am 1. November 1862 in Leipzig stattfand.) – Als *Tohu-Wabohu* wurde 35 Jahre später sogar der – ›Kaisermarsch‹ bezeichnet, und zwar in Wien nach einem Konzerte des Berliner Philharmonischen Orchesters. »Den Beschluß des Konzerts bildete der berüchtigte ›Kaisermarsch‹, den Wagner im Jahre 1870 komponiert hat. Dieses *Tohu-Wabohu* ist direkt für die Ohren von Kongonegern berechnet, eventuell beim Abbraten besiegter Feinde vorzutragen, nicht aber in einem geschlossenen Saale vor neurasthenischen Europäern. Als Kuriosum – gut, sonst aber nicht.« (N . . . nn, Wien, nach einem Konzerte des Berliner Philharm. Orchesters. Mitgeteilt vom ›Fremdenblatt‹, Berlin, 13. April 1897.)

Tollhäusler. ›Epistel an die Tann- und *Tollhäusler*‹, unter diesem Titel schrieb der Stuttgarter Musiklehrer Fr. Hamma einen längeren Aufsatz fürs ›Central-Organ der deutschen Bühnen‹ (1853, Juli und August). Es galt dem Vordringen der Wagnerschen Musik in Süddeutschland zu wehren.

Tollheit. »In dieser Ausdünstung der verwegensten Wagner*tollheit*« usw. – »Charakteristisch für die *Tollheits*geschwülste, welche die Zukunftsmusik in wirren Köpfen zu zeitigen vermag.« (Oskar Blumenthal über E. v. Hagens ›Rheingold-Studie‹, 1876.)

Tongetöse. »Richard Wagners ›Kaisermarsch‹ schloß den Abend ab. Das nervenerschütternde Dröhnen der dazu in Tätigkeit gesetzten Massen würde an früherer Stelle des Programms die Fähigkeit des Weiterhörens vernichtet haben; auch am Ende des Saales wirkte das *Tongetöse* betäubend selbst auf ein gesundes Nervensystem.« (A. F. Riccius: Rezension über das zweite Jubiläumskonzert des Hamburger Bach-Vereins in den ›Hamburger Nachrichten‹, Oktober 1880.)

Tongewinsel. »Was wir (im ›Lohengrin‹) empfangen, ist eben nur der unerquickliche Niederschlag nebelhafter Theorien, ein frostiges, Sinn und Gemüt gleichmäßig erkältendes *Tongewinsel.* – Wo etwas wie eine gegliederte Kantilene aus dem chaotischen Gewoge der Tonmassen aufzutauchen trachtet, streift, was wir vernehmen, haarscharf an den landläufigen Bänkelgesang heran. Statt zahlloser Beispiele erinnern wir nur an das von Elsas Lippen so anspruchsvoll gebotene: ›Es gibt ein Glück‹!« (Otto Gumprecht, ›National-Zeitung‹, Berlin, November 1866.)

Tongewirre. »Ein chaotisches *Tongewirre* ist der ›Lohengrin‹.« (›Wiener Sonn- und Feiertags-Courier‹, März 1876.)

Tortur. Vom 18. bis 21. Mai 1880 wurde in Cincinnati ein Musikfest gefeiert. Am 3. Tage kamen Szenen aus der ›Götterdämmerung‹ zur Aufführung. Ein Korrespondent der ›Newyorker Staatszeitung‹ schrieb: »Ich habe aufmerksam zugehört, war aber herzlich froh, als endlich die musikalische *Tortur* vorüber war, und ich danke noch heute meinem Schöpfer, daß ich noch am alten Musikglauben festhalten kann und noch kein Anhänger der modernen Ketzerlehre geworden bin. – Die ›Götterdämmerung‹ hat trotz der brillanten Aufführung nicht gefallen und seit gestern Abend ist auch hier die moderne Raumersche (?) Orthographie eingeführt und man schreibt nicht mehr ›Götterdämmerung‹, sondern ›Goddamnerung‹.«

Trankl-Komödie. »Das hat der große Dichter Richard Wagner aus der Nibelungensage gemacht! Gegen diese *Trankl-Komödie** ist Hans Sachs' sieben-aktiges Trauerspiel ›Hornseyfried‹ noch ein respektables Drama.« (Franz Hille: Bericht über die erste Aufführung der ›Götterdämmerung‹ in Wien am 14. Febr. 1879. ›Sonn- und Feiertags-Courier‹ vom 16. Febr. 1879.)

Tristan-Isolderei. So nennt Hanslick in seinem Buche: ›Die moderne Oper‹ (1875, Seite 211, Anmerkung) folgende Stelle aus Theodor Gaßmanns Übersetzung der Oper ›Romeo und Julie‹ von Gounod: »Stets Dir nah' sein, Du Engel, werd'

* Trankl, d. i. Trank, Wiener Trank, ein scharfes Purgiermittel.

ich, – All' mein Dasein ist für Dich nur Huldigung – Durchstrahl' mein Dunkel, Du Himmelglanzumlohte!«

Tristan und Isoldens Hochzeit. »Die neue Sinfonie von C. Goldmark: ›Ländliche Hochzeit‹ ist ihrer Form nach keine Sinfonie und ihrem Charakter nach keine ländliche Hochzeit. Auf eine Anzahl sehr fein gearbeiteter Variationen folgt ein etwas schwächliches Brautlied. Hat man das überstanden, so darf man sich an einer Serenade ergötzen, die dem Titel des Ländlichen noch am meisten entspricht; folgt ein Andante: ›im Garten‹, vermutlich im Jardin Mabille – da hier das ›ländlich-sittlich‹ völlig flöten geht. Im letzten Satz ›Tanz‹ schienen die Bauern bereits im Zustande, erhabenster Besinnungslosigkeit, denn nur so läßt sich der entfesselte Höllenspektakel erklären. Vielleicht ändert der reichbegabte Komponist den Titel seines Werkes in *Tristan und Isoldens Hochzeit* – und wir wollten uns zufrieden geben.« (›Berliner Bürger-Zeitung‹, 29. November 1876.)

Trivial. »Im ›Rheingold‹ scheint Wagner musikalisch gar nichts gewollt zu haben, man nimmt nicht die geringste Anspannung wahr, etwas Außerordentliches herauszubringen, sondern die Musik verläuft von Anfang bis zu Ende in einer absoluten *trivialen* Phraseologie, daß das Minimum an musikalischer Schöpferkraft, welches zu einem solchen Produkte erfordert wird, kaum geringer gedacht werden kann.« (C. v. Bruyck; ›Deutsche Musikzeitung‹, Wien, 1861, Nr. 22.) – »Ich hatte den sanguinischen Glauben, Wagner werde in seinen späteren Opern das Unmusikalische, Ungesunde, die spiritualistisch-maskierte *Trivialität* ausscheiden. Das Gegenteil davon ist eingetroffen, jede folgende Oper (nach dem ›Tannhäuser‹) Wagners ist unmelodischer, langweiliger, lärmender und abstruser geworden. Das einfachste Lied Mendelssohns dringt mehr zu Herz und Seele als zehn Opern Wagners à la ›Tristan und Isolde‹.« (Ed. Hanslick, 1869.) – »Wüst lärmende *Trivialität* und sentimentale *Trivialität* sind die beiden Elemente, aus welchen ›Rienzi‹ besteht.« (Carl Banck, Dresden, 1873.) – »Auch jetzt noch will uns die Partitur (des ›Lohengrin‹) als ein Abgrund der Langenweile erscheinen, dessen gähnende Öde nur durch die eben so spannend vorbereitete, wie sich wirksam steigernde Einführung des Helden, den anmutigen Brautchor, die farbenreiche Erzählung von den Mysterien des Gral und einigen anderen Einzelheiten freundlicher unterbrochen wird. Ein

Element, das in den späteren Arbeiten des Dichterkomponisten doch wesentlich zurücktritt, die redselige *Trivialität*, dehnt sich im ›Lohengrin‹ zu endloser Breite aus, namentlich der zweite Akt ist davon fast ganz beherrscht und erfüllt.« (Otto Gumprecht, ›National-Zeitung‹, Berlin, 19. September 1876.

Trocken. »Welch merkwürdiger Gegensatz zwischen dem *trockenen*, kühl berechnenden Menschen Wagner als Schöpfer der Isolde und Sieglinde und dem Schöpfer des deutschen Requiems, der Rhapsodie, des Schicksalsliedes, dem kraftstrotzenden, gedrungenen, dem herzhaften Genusse der Daseinsfreude keineswegs abholden Menschen Brahms!« (Hugo Riemann in den ›Blättern für Haus- und Kirchenmusik‹, 1. Mai 1897.)

Trödel. »Die echten Musen sind keusch; keusch, ursprünglich, stolz. Sie verschmähen Toilettenkünste; jede gibt nur sich selbst, keine borgt von der andern. Was sagen Sie zu einem Maler, der den Eindruck seiner Bilder durch bengalisches Licht erhöhen möchte, zu einem – Phidias, der seine Figuren bei Musik zeigte? Und hier? Die Musik im Bunde mit Dekorationsmalerei, Ballett, Pyrotechnik! Und diese mit allem denkbaren *Trödel* befangene Kokette nennt sich die deutsche, die echt deutsche Muse! Sehen Sie, das empört mich!« (Hieronymus Lorm [?], Wiener ›Freie Presse‹, August 1876.)

Troßbuben. »Die Identifizierung der Gralsbotin Kundry mit der verführerischen Verbündeten Klingsors ist und bleibt einmal unbegreiflich, wenn auch die literarischen *Troßbuben* Wagners, Tappert, Hans v. Wolzogen, Porges usw. sich in langen Abhandlungen bemühen, uns das mystische Wesen dieser Charakterschöpfung zu erklären.« (›Die Tribüne‹, Wien, 25. Juli 1882; unterzeichnet – g.)

Trostlos. »Nun folgten von Wagners Kompositionen das Vorspiel und der Schlußsatz zu ›Tristan und Isolde‹ – eine *trostlose* Musik, wenn überhaupt eine.« (Ed. Hanslick, 1863.)

Trottel. »An dem marklosen *Trottel* Marke – Wotan ist interessant gegen ihn – scheitert das Gestaltungsvermögen unsers Betz so gut wie jedes andere. Zum Schluß seiner Nachmittagspredigt finden wir jeden Zustand erträglich, in welchem wir von der entsetzlichen Baßklarinette verschont bleiben.« (›Berliner Börsenzeitung‹ vom 30. November 1881: ›Kritik über Tristan und Isolde.‹) Die Bezeichnung *Trottel* wurde 1882 auf die Figur des Parsifal übertragen, zuerst von Dr. Kalischer in der ›Vossischen Zeitung‹ (14. Mai 1882). Natürlich findet sich der wienerische Ausdruck auch in den österreichischen Witzblättern. So schreibt ›Die Bombe‹ am 6. August 1882: »Sagen Sie mir, was ist denn das, was im ›Parcival‹ in Bayreuth ›der reine Tor‹ heißt?« – »Na wissen's, das is halt a mittelalterlicher Ausdruck. Bei uns in der modernen Welt heißts: *Trottl.*«

U

Übelklinger. Am 12. Mai 1872 gab Wagner ein Konzert in Wien; zur Aufführung kam u. a. die Eroicasymphonie von Beethoven. Die streitige Stelle im 1. Satz, das auffällige *as* der zweiten Violinen, hatte Wagner in *g* verändert. Darüber war L. Speidel, der Rezensent des ›Fremdenblattes‹, sehr erzürnt, derselbe erblickt in der Dissonanz »einen echt Beethovenschen Zug«, der zu seiner künstlerischen Logik gehört. Dann heißt es: »Wer das aus der Erkenntnis Beethovens nicht herausempfindet, dem bleibt jener gemaßregelte Ton eine bloße Dissonanz. ›Es klingt übel‹, sagt Wagner, als ob er, der große *Übelklinger*, ein Recht hätte zu solchem Wort.«

Überäugig. »Wäre die Eva nicht eine *überäugige*, im Pensionat schon verbildete Person, und der Hans Sachs mit seiner endlos philosophierenden Rederei nicht ein schmählich langweiliger Kerl« usw. (›Echo‹, Berlin, 6. April 1870.)

Übergeschnappt. »Nachdem sich die Hörerschaft der ›Götterdämmerung‹ am Abend des 30. Aug. l. J. wie eine Versammlung *übergeschnappter* gebärdet und durch Schreien, Rufen, Klatschen, Poltern, Stampfen und Toben sich in eine förmliche Raserei versetzt hatte« usw. (H. M. Schletterer in ›Richard Wagners Bühnenfestspiel‹, 1876.)

Unding. »Würde Wagner ebensoviele melodische Erfindung als dramatisches Feuer und geistvolle Reflexion haben, er würde nie an das Musikdrama – im Grunde ein *Unding* – gedacht haben. – Nicht minder ist der Gesang in der Nibelungentrilogie als solcher ein *Unding*, ein brutaler Hohn alles dessen, was die musikalische Welt bisher als schön und begehrenswert erkannte.« (H. M. Schletterer: ›Richard Wagners Bühnenfestspiel‹, 1876.)

Unflath. »Während in Goethes ›Geschwistern‹ sich alles so einfach und natürlich, so wahr und rührend – schön abwickelt, – während wir in lichten Höhen zu wandeln wähnen, müssen wir mit Wagner um viele Stufen hinabsteigen. Und wie oft der Genuß seiner Musik den Verzicht auf die innere Wesensschönheit bedeutet, wie oft wir durch allen *Unflath* sittlicher Verkommenheit waten müssen, um einige geistreiche Tonkombinationen und reizende Akkordfolgen zu erjagen: hier, in diesen schönsten Szenen der Trilogie muß man ehrlicherweise die Musik preisen und das Drama entschieden ablehnen.« (Th. Krause: ›Bericht über eine Privataufführung bei der Gräfin Schleinitz‹; Berliner ›Tribüne‹, 23. April 1879.)

Ungeheuer. »Die Siegfriedmusik ist im ganzen genommen ein ewig wiederkäuendes *Ungeheuer*, mit einem widerwärtigen Aufstoßen der Leitmotive behaftet.« (L. Speidel im Wiener ›Fremdenblatt‹ vom 12. Novbr. 1878. Bericht über die erste Siegfriedaufführung.) – »Ob das Berliner Hoftheater sich nun wirklich definitiv gegen die vier Wagnerschen *Ungeheuer* verschließen wird, und ob die Tetralogie demnach für Berlin verloren ist – das ist noch immer allgemeines Koulissen- und Foyergespräch.« (Berliner ›Montagszeitung‹, 21. April 1879.)

Unglück. »*Unglück* kommt selten allein, sprach der Theaterdirektor. Da ließ er die ›Walküre‹, den ›Siegfried‹ und die ›Götterdämmerung‹ hintereinander aufführen.« (›Schalk‹, 16. Febr. 1879. ›Aus Schalks Citatenschatz‹.) – L. Speidel schrieb in der ›Wiener Montagsrevue‹ vom 24. Febr. 1879 über die ersten Aufführungen der ›Götterdämmerung‹ u. a. folgendes: »Mir klang dies poetisch-musikalische *Unglück* noch von Bayreuth her in den Ohren, ich mußte dabei sein, als es sich in Wien wieder ereignete, und indem ich darüber berichte, erneuert sich mir, wie dem Äneas bei Virgil, der ausgestandene unsägliche Schmerz.«

Unkraut. »Das *Unkraut*, das auf Beethovens Grabe wächst«, nannte 1873 ein Londoner Kritiker die Kompositionen von Wagner, Liszt und anderen »Modernen«.

Unmündige und Säuglinge. »Auch im Kreise der hiesigen Studenten fängt man an, für das sogenannte Bayreuther Festspiel im Jahre 1873 zu wirken. Ein Aufruf, angeschlagen am schwarzen Brett hiesiger Universität, fordert alle Studierenden dazu auf, durch kräftige Propaganda das nationale Werk zu fördern. Das Bibelwort: ›Aus dem Munde der *Unmündigen und Säuglinge* hast du dir ein Lob bereitet‹, wird am Ende gar eine Prophezeiung auf das Jahr 1873.« (›Echo‹, Berlin, 6. März 1872.)

Unmusikalisch. »Wagner ist der Komponist für die *unmusikalischen* Menschen, wie man ihn ja selbst paradoxer Weise den größten *Unmusikalischen* unter den Musikern und den größten Musiker unter den Unmusikalischen genannt hat.« (›Berliner Tageblatt‹, 9. Februar 1893!) Es dürfte nicht leicht sein, einen größeren Blödsinn zu finden.

Unsittlich. »Bei Wagner tritt es zu auffällig hervor, daß ihm die Schilderung wilden Wollusttaumels oft Zweck ist, das versteht er auch virtuos zu machen, und mit faunischer Lust schwelgt er in solch aufregenden Tongemälden. Dadurch aber wird seine Kunst zu einer *unsittlichen* und verderblichen, zu einem Ideal für hysterische Weiber und nervös erschlaffte Männer.« (H. M. Schletterer: ›Richard Wagners Bühnenfestspiel‹, 1876.)

Unsinn. Einen recht unwürdigen Ton schlägt Max Kalbeck mit Vorliebe an, wenn er über Wagner zu schreiben hat. Zwar hält er den Bayreuther Meister für ein großes musikalisches Talent, doch ohne eigentliche Originalität der Erfindung, mit bescheidener poetischer Begabung. Wörtlich charakterisiert er ihn so: »Er ist kein großer Künstler, sondern ein Vereinsmeier, Reklameheld, Ränkeschmied, Skandalmacher und Sektierer.« (1882.) Die ganze Handlung des ›Parsifal‹ ist ihm barer *Unsinn*! Gurnemanz nennt er »den ersten Chargierten des tugendhaften Ritterkorps, Kundry eine barmherzige Schwester, die von Lachkrämpfen gepeinigt wird und epileptische Zufälle hat«. Amfortas laboriert, nach Kalbeck, an einem bösen Leberleiden. Eine ausgesucht geschmacklose Stelle hat nachstehenden Wortlaut: »Alles schmiegt sich (im 3. Akte) voll heiliger Ergriffenheit an die frisch gewaschenen Füße Parsifals.«

Unsinnig. »Ich singe manche Nummer aus Wagnerschen Opern, und die entsetzlichen Texte derselben haben mich angeregt, ein wenig den Quellen nachzuspüren, aus denen sie geschöpft sind. Auf diese Weise bin ich dazu gekommen, die Simrocksche Verdeutschung der Edda zu lesen. Die Völuspa oder nur das kleine Wegtamslied ist in seiner wildkühnen, grandiosen Erhabenheit mehr wert als der geschmacklose, stellenweise geradezu *un-*

sinnige Text des umfangreichen ›Ringes der (!) Nibelungen‹.« (Gerhard von Amyntor: ›Das bist Du‹, Roman in vier Büchern. Abgedruckt im ›Deutschen Tageblatt‹, 1882.)

Untergang. »Wissen Sie, was ich neulich einem Redakteur schrieb, in dessen Blatte Wagner als ›Riccardo grandissimo‹ gepriesen wurde? Der scheußlichste, widerwärtigste Tag meines ganzen Lebens war der 3. oder 4. September 1873, wo ich im Dresdener Hoftheater in glänzendster Ausführung, mitten unter den berühmtesten Künstlern der Malerakademie, wie Rietschel, Bendemann, Ludwig Richter u. a., ›Die Meistersinger‹ anstandshalber zum ersten Male hören mußte und schließlich alle in das einstimmige Urteil ausbrachen, wo eine solche roh materialistisch-naturalistisch über alle Kunstgesetze sich wegsetzende Richtung zur Geltung kommen dürfte, ist der *Untergang* jeder höheren Kunstleistung unwiderruflich ausgesprochen. Der Erfolg der letzten 26 Jahre hat dies mächtig bestätigt.« (Otto Kade in einem Briefe, datiert 10. September 1899.)

Unzurechnungsfähig. »Die Geschichte wird streng scheiden zwischen dem Wagner vor und nach 1848, jener der begabtesten dramatischen Komponisten einer, dieser ein eitler, *unzurechnungsfähiger* Schwärmer.« (Otto Friese: ›Richard Wagner und die Zukunftsmusik‹, Vortrag im Frauenverein zu Neustadt a. d. Dosse, am 7. Januar 1874.)

V

Vague und närrisch. C. Wittkowsky (Berlin) veröffentlichte in ›Über Land und Meer‹, April 1880, ›Blätter aus dem Tagebuche des Amru Ben Adijah‹, auf dem siebenten steht:

> Drum, die ihr euch Wagnerisch nennt so herrisch,
> Euch nenn' ich statt dessen *vague und närrisch*,
> Erhitzt von des Irrsinns Bränden:
> Ihr werdet mit Schrecken noch enden!

Vampyr-Opern. »Wie es afrikanische Gegenden gibt mit einem wahrhaft mörderischen Klima, so existieren auch Opern, die sich mörderisch gegen die Sänger und Sängerinnen benehmen und deren ruinierender Einfluß sich an denselben über kurz oder lang unerbittlich geltend macht. Zu diesen *Vampyr-Opern* zählen wir die Wagnerschen Opern.« (Berliner ›Montagszeitung‹, 1874.)

Vandale. »Wagner, dieser *Vandale* der Kunst! Er hat keine Idee von Form, seine Inspiration ist roh wie der deutsche Geist, er ist ein tobendes Gespenst der Unterwelt, der vom Schönen keinen Begriff hat. Er donnert an unsre Ohren heran, ohne Rhythmus und ohne Verstand. Ein wildes Mixtum-Compositum von Messing, Holz und Katzendärmen, hat er keinen Funken von Genie.« (Aus dem amerikanischen Blatte ›Touchstone‹, 1876.)

Venus vulgivaga. »Wenn eine Frau Venus sich zum Mittelpunkt eines solchen Treibens hergibt, so ist sie eine *Venus vulgivaga* der abgefeimtesten Sorte, und ein Tannhäuser, den nicht schon der blosse Ekel aus ihren Armen fernhält, wäre wohl nicht wert, daß man seinethalben eine große Oper schreibt.« (Bericht über das Musikfest in Karlsruhe [Oktober 1853] in der Musikzeitung ›Echo‹.)

Verabscheuungswürdig. »Die Werke, die ich gesehen, sind *verabscheuungswürdig* im Ganzen; man kann sie auf keiner Bühne der Welt aufführen, weil sie eben bühnenwidrig sind. – – Das Unternehmen von Bayreuth ist zum Tode verurteilt. – – Das große Talent Richard Wagners achte ich ebenso, wie ich den Mann verwünsche. – – In dem entsetzlich langweiligen Werke, das ich angehört habe, gibt es einige so schöne Bruchteile« etc. (Albert Wolff im Pariser ›Figaro‹ über die Festspiele in Bayreuth, 1876.)

Vergewaltigen. »In die Aufführung des ›Lohengrin‹ rief uns eines der grausamsten Gebote unserer Referentenpflicht, um unser Ohr drei Stunden lang von einem der Erbarmungslosesten unter allen Komponisten *vergewaltigen* zu lassen, die je den Segen der Töne in sein Gegenteil verkehrt.« (Otto Gumprecht, Berliner ›National-Zeitung‹, November 1866.)

Verirrung. »Ich kann Sie versichern, daß mir ›Siegfried‹ als eine ganz schauderhafte *Verirrung* mit Mangel jeder natürlichen Erfindung erscheint, und da tut einem die Beschäftigung mit Beethoven und Weber – selbst Rossini so wohl, wie ein lindernder Balsam auf entzündeter Haut.« (H. Esser brieflich an Schott, 7. März 1871.) – »Selbst wer mit mir diese gewaltige künstlerische Komposition für eine ebenso gewaltige *Verirrung* hält, wird dem Schöpfer derselben seine Bewunderung nicht versagen dürfen.« (Eusebius, d. i. Dr. Kastan über den ›Ring des Nibelungen‹ in der ›Musikwelt‹ vom 30. Oktober 1880.)

Verkehrt. »Jetzt, wo es scheint, als wolle Deutschland alle Bande zerreißen, welche es mit der italienischen Schule verbinden, jetzt, wo einige *verkehrte*, abenteuerliche Köpfe, wie R. Wagner, sich bemühen, eine unmögliche Schule zu begründen, eine Schule, welche die Verleugnung aller jener von der Zeit geheiligten Gesetze und der daraus hervorgegangenen Meisterstücke sein würde, jetzt gerade scheint es uns erforderlich, einen Blick in die Vergangenheit zu werfen.« (P. Scudo: ›Hasse und die Faustina.‹ ›Revue des deux mondes‹, 1853.)

Verrückt. Nach Hans von Bülows Mitteilung fand (1849) Frau Livia Frege geb. Gerhardt in Leipzig den ›Tannhäuser‹ – *verrückt*! Am 11. April 1861 schrieb Anton Rubinstein an den Wiener Redakteur Professor C. A. Zellner: »Haben Sie ›Tristan‹, haben Sie das ›Rheingold‹ gesehen? Ersterer scheint mir total *verrückt*, letzteres zum mindesten überspannt zu sein.« Verdi hörte 1865 in Paris die Tannhäuserouvertüre, er schrieb einem Freunde: »Wagner ist wirklich *verrückt* geworden!« Schmidt-Cabanis produzierte am 29. September 1899 (!) im Berliner ›Ulk‹ eine ›Unterhaltung im Zoologischen Garten‹:

»Die Moschusente: Gehen Sie nur mit Wagner! Dabei wird ja ein vernünftiger Vogel taub! Wollte deutscher Volkskomponist sein und läßt sich in Bayreuth Preise bezahlen, die kein König erschwingen kann.

Der alte Marabu: Davon verstehen Sie nichts, Madame! Richard Wagner ist der Komponist der ›oberen Zehntausend‹, wie Nietzsche der Philosoph der ›oberen Zehntausend‹.

Die Moschusente: Ja, der war so *verrückt* wie dieser.«

Versemacher, mittelmäßiger. »Deutschland hat wirklich eine so großartige Literatur, daß ich nicht begreife, wie es nicht in Lachen ausbrechen muß über die Werke eines so mittelmäßigen *Versemachers*. Wagners Poesie ist eine unverdauliche Lektüre. Sie verhält sich zu der bewunderungswürdigen Einfachheit des ›Nibelungenliedes‹ wie ein Tombakring aus einer Trödlerbude zu einer ziselierten Arbeit des Benvenuto Cellini!« (Albert Wolff im Pariser ›Figaro‹, 1876, über die Festspiele in Bayreuth.)

Verworren. Aus Wien ließen sich die ›Signale für die musikalische Welt‹ im November 1856 schreiben: »Die neulich hier gehörte Faustouvertüre von Richard Wagner wurde von einem sehr zahlreichen Publikum mit der vollständigsten Ruhe, mit dem tiefsten Schweigen aufgenommen. – – Wir haben nicht bald eine so *verworrene*, phantasielose und unerquickliche Komposition gehört. Der Apel (!!) an die materiellen Effekte zur Hervorhebung einer so ideellen, fast ins Blaue streifenden Geschichte wie eine Ouvertüre zum ›Faust‹, der eine ganze Welt in sich begreifen soll, ist an und für sich schon ein fataler Gedanke.«

Viehisch. Sehr abfällig urteilte die ›Allgemeine Zeitung des Judentums‹ über die Bayreuther Festspiele 1876: »Hier ist wirklich alles Gemeine entfesselt und die Dimensionen des Riesigen, zu denen die handelnden Personen ausgereckt werden, sollen den Schein des Idealen hervorbringen, das der verbrannten Phantasie des Dichters völlig fehlt. Daß einem so unsittlichen Getriebe, einem oft ins *Viehische* hineinspielenden Machwerk die Elite der Nation zuströmt, daß ihm nicht bloß die Mittel zur Ausführung, sondern auch die Anwesenheit der besten geistigen Kräfte geboten wird, erscheint uns als ein widerwärtiges Schauspiel, als eine Verirrung, welche die Nation um so mehr zu büßen haben wird, als sie doch nur ein Symptom geistiger Fäulnis ist.«

Viehmagd-Kavallerie; als solche wurden 1872 in der ›Süddeutschen Presse‹ die Walküren bezeichnet.

Viehstall. »Neben dem Riesenwurme Fafner baumelte allerhand fabelhaftes Getier, Drachen, Widder, fliegende Pferde, sprechende Waldvögel, ich möchte sagen der ganze mythologische *Viehstall*, dem der Meister den bekannten melodischen Konversationston abgelauscht hat.« (›Neue Freie Presse‹, 12. August 1876.)

Vivisektion. Der ›Schalk‹ brachte am 19. Juni 1881 nach den Berliner Nibelungenaufführungen folgendes Zwiegespräch:

»Gehen Sie mit zum ›Rheingold‹?«

– Nein. –

»Sind Sie denn kein Anhänger von Wagner?«

– Ja wohl, aber nur in der *vivisektorischen* Frage. Er ist gegen die *Vivisektion*, ich bin es auch und deshalb gehe ich nicht in seine Musikdramen. – Ein krasses Urteil über die Klagelaute der Kundry (›Parsifal‹, 2. Akt, Beschwörungsszene) darf nicht in Vergessenheit geraten: »Solche Naturlaute läßt man sich wohl von einem der *Vivisektion* unterzogenen Hunde gefallen, als Äußerungen künstlerischen Wollens sind sie einfach lächerlich.« (Josef Schrattenholz, 1882.)

Volksverführer, als solchen hätten die alten Athener einen Künstler wie Wagner ausgewiesen. (H. Dorn, ›Spenersche Zeitung‹, 1873.)

W

Wackelgestalt. »Wagner ist nun einmal der anerkannte Abgott der Gegenwart. Keiner außer ihm darf sich so viele Extravaganzen erlauben; wollte ein anderer uns zumuten, mit einer so widerwärtig nickenden und zwinkernden *Wackelgestalt* wie der Zwerg Mime ist, so anhaltend Auge und Ohr zu beschäftigen, er würde zum Musentempel hinausgejagt.« (Bernhard Vogel, ›Leipziger Nachrichten‹, 23. Sept. 1878.)

Wagner I. »Se. Majestät *Wagner I.* haben soeben einen renitenten Bühnenminister zu 6 Monaten schwerem ›Rheingold‹ verurteilt. Der Unglückliche soll sich aus Furcht vor der schrecklichen Strafe das Leben genommen haben.« (Berliner ›Montagszeitung‹, 6. September 1869.) – »Die Generalintendanz der königl. Schauspiele erläßt folgende Bekanntmachung: Niemand ist verpflichtet, die ›Meistersinger‹ zweimal zu hören, da die Todesstrafe abgeschafft ist.« (›Montagszeitung‹, 4. April 1870.) – »Ein Verbrecher, dem mildernde Umstände nicht zur Seite standen, wurde zu dreimal ›Meistersinger‹ verurteilt.« (›Montagszeitung‹, 11. April 1870.)

Wagnerisch-langweilig. Ein Bericht über die Münchener Aufführung der Zöllnerschen Faustmusik hat in der Wiener ›Neuen Freien Presse‹ vom 23. Oktober 1887 folgenden Schluß: »Die Musik wird als echt *wagnerisch-langweilig* geschildert.«

Wagneritis. Der glänzende Erfolg der ›Walküre‹ in Paris hat eine Anzahl von Hetzschriften gegen Richard Wagner und seine Werke hervorgerufen und es dürfte interessieren, hiervon einige Proben kennenzulernen. Am interessantesten ist jedenfalls die »Mär von den Wagnerkrankheiten« und ihre Behandlung und Heilung: »Die Wagnerkrankheit ist etwa vor 40 Jahren in Deutschland aufgetaucht. Zuerst auf dies Land beschränkt, hat sie sich bald darüber hinaus verbreitet; gegenwärtig ist die ganze Welt von ihrem Wüten bedroht. Unser schönes Frankreich ist leider nicht verschont worden und die schreckliche Seuche fordert täglich unter uns neue, zahlreiche Opfer.« Nachdem der geistreiche Verfasser die verschiedenen Stadien der Krankheit charakterisiert hat, eröffnet er über die heftigste Erscheinungsform folgendes: »Die *Wagneritis*, namentlich im akuten Zustande, spottet jeder medizinischen Behandlung. Der Mißbrauch, den die Journalisten mit dem Elixir tetralogique, den Tristanpastillen und der Parsivaline treiben, führt rettungslos zum tollsten Wahnsinn, gegen den es kein anderes Mittel mehr gibt als Eisdouchen und Zwangsjacken.« Der Spottvogel schließt mit der Aufforderung, durch öffentliche Subskription die Mittel aufzubringen, um ein »Hospiz für Wagnerianer« zu errichten. (›Antiwagnerianer in Paris‹, Zeitungsnotiz, 29. Juni 1893.)

Wagnernacht. »O Götter, welche Dämmerung! Im Grunde genommen mehr *Wagnernacht* als ›Götterdämmerung‹. Übrigens paßt der Titel sehr gut zu dieser Musik. Er ist ebenso gesucht und geschraubt wie die Wagnersche Tonsprache.« (Franz Hille, Bericht über die erste Wiener Aufführung der ›Götterdämmerung‹ im ›Sonn- und Feiertags-Courier‹ vom 16. Febr. 1879.)

Wagneropsie*. »Dann war Wien der Schauplatz der epidemischen *Wagneropsie*, und von deren Wirkung auf den gesunden Menschenverstand erzählt man sich die schauerlichsten Dinge.« (›Signale‹, 11. Juni 1872. Über das Wagner-Konzert.)

Wagnerseuche. »Richard Wagner als Musiker muß ich ganz und gar dem Urteil anderer überlassen. Nun beginnt aber eine *Wagnerseuche* im höchsten Stadium ihres Paroxysmus auch schon den – ›Dichter‹ zu preisen, und statt ihm in der Sprache seiner Alliterationen zu sagen, daß seine Texte, aus dem Gesichtspunkte der Dichtkunst betrachtet, teils scheußlicher, schäbiger Schund, teils blühender Blödsinn seien, hat man nicht übel Lust, für den ›Ring des Nibelungen‹ den Berliner Schillerpreis in Anspruch zu nehmen.« (Hieronymus Lorm, ›Dresdener Zeitung‹ vom 9. Oktober 1878.)

Wahnfriederich. »Wagner, der greise *Wahnfriederich*, hatte seine Künstler um sich versammelt und bewillkommte die Fremden.«

* Mutmaßlich eine Verwandte der Hydropsie, d. i. Wasserscheu.

(L. Speidel, Bericht aus Bayreuth im Wiener ›Fremdenblatt‹ vom 28. Juli 1882.)

Wahnsing. Als Richard von *Wahnsing* figuriert Wagner in der Posse: ›Die Meistersinger oder das Judenthum in der Musik‹ von Franz Bittong, 1869.

Wahnsinn. Travestie der Wahnfriedinschrift:

Wo Wahn nur Sinn im Unsinn fand,
Ward *Wahnsinn* Wagners Heim genannt.

(›Montagszeitung‹, Juni 1874.)

Wahnsinnig. »Des Hirten *wahnsinnige* Fantasie auf der Schalmei, ein Virtuosenstück für einen im maison de santé* eingesperrten englischen Hornisten.« (H. Dorn, über das Vorspiel zum 3. Akte des ›Tristan‹, 1876.)

Walhallrich. »Ich kann mich unmöglich mit dem Gedanken befreunden, daß Wotan nur der walhallisch vergrößerte Rittersmann aus dem Donauweibchen ist und Loge eine listige Abart des lustigen Knappen Kasperle. Wotan bleibt doch immer ein Gott, ein weltgebietender *Walhallrich*, wenn ihm gleich sein Diener Loge stets weiterhelfen muß, sobald ihm der Witz ausgeht, was leider bei ihm genauso oft vorkommt wie bei dem gestrengen Herrn Rittersmann, der auch ein göttliches Wesen auf Streifzügen durch Nibelheim erlösen will.« (R. Elcho: ›Rheingold-Gedanken‹, Berliner ›Volkszeitung‹, 7. Mai 1881.)

Walther von der Pfingstweide, so titulierte Riehl in seiner ›Hausmusik‹ (›Geleitsbrief des Tonsetzers‹, 1855) den Komponisten des ›Tannhäuser‹.

Warnungstafel. Eine solche stellte Julius Schladebach 1846 in seiner Kritik über Wagners ›Liebesmahl der Apostel‹ auf. Er warnte die Sänger vor der Einstudierung und Aufführung dieses Werkes, des »Opernmessias«, suchte auch diese Warnung zu begründen: »ein wirklich spezifisch-musikalisches Talent besitzt Wagner nicht, er ist ein Nachahmer Berlioz's, ohne dessen Ursprünglichkeit zu besitzen; seine Erfindungskraft ist schwach, es mangelt ihm die Tiefe des Gefühls und die Wahrheit der Empfindung in hohem Grade« usw. (›Teutonia, literarisch-kritische Blätter für den deutschen Männergesang‹, 1. Jahrg. 1846.)

* Eine Nervenheilanstalt in Schöneberg bei Berlin.

Wasser-, Luft- und Nebelbilder. »Das also war des Pudels Kern! Drei Monate lang sind wir in sehr wenig über das Mittelmaß ragender Gesellschaft durch die abgetretensten Pfade der Oper geschleppt worden, – wir sind mitgegangen in der Hoffnung, daß im Stillen etwas vorbereitet würde, was für die Dürre des bisherigen Repertoires entschädigen würde. Und was ist endlich zum Vorschein gekommen? Die *Wasser-, Luft- und Nebelbilder* mit Musikbegleitung des ›Rheingold‹, die bis zum Übermaße der Langweile auseinandergezerrten sechs musikalischen Gedanken im Vorspiel zur Nibelungentrilogie.« (›Kölnische Zeitung‹, 28. Dezember 1879.)

Wassermädchen. »Fräulein Marie Lehmann, eines der *Wassermädchen* in Bayreuth, sang als zweite Gastrolle die Königin der Nacht in Mozarts ›Zauberflöte‹. – Das Haus war gähnend leer. O Zeiten, o Sitten! Es wird bei uns ästhetisch nicht besser werden, als bis man endlich wieder einsieht, daß in Papagenos Vogelfängerliedchen unendlich mehr Genie steckt als in Wagners endlosem ›Nibelungenring‹. Aber wir hoffen, das alte Wien werde es über Bayreuth trotz der frechen Bettelbriefe Wagners doch noch davontragen.« (Speidel im Wiener ›Fremdenblatt‹, 19. Januar 1877.)

Wasserpest*. »Wagner fällt nicht in die Klasse der Unzurechnungsfähigen, die man in Irrenhäuser zu sperren pflegt oder unter Polizeiaufsicht stellt, sondern er gehört zu denjenigen, die man bis zur Vernichtung bekämpfen muß. Wagner ist in des Wortes verwegenster Bedeutung einer Art von moralischer *Wasserpest* zu vergleichen. Die ungeheure Keimfähigkeit dieser Pflanze ist bekanntlich das eminent Gefährliche an ihr.« (Dr. J. Kastan über ›Tristan und Isolde‹ in Weimar; ›Frankfurter Zeitung‹, 1874.) – Abermals zeigte sich der Ausdruck *Wasserpest* in dem Berichte Otto Gumprechts über die erste Aufführung des Neßlerschen ›Rattenfänger von Hameln‹, und zwar an folgender Stelle: »Man spricht gegenwärtig so viel von den alten Zöpfen. Uns will es bedünken, daß die gesamte Kunstgeschichte keinen größeren Opernzopf gesehen, als das auf der heutigen Gesangsbühne gleich der *Wasserpest* wuchernde Leitmotivunwesen.« (Berliner ›National-Zeitung‹, 24. Februar 1880.)

Waten. »Ein stundenlanges, qualvolles *Waten* in öder, trocke-

* Elodea canadensis, aus Amerika stammend, bekanntes, stark wucherndes Unkraut in stehenden und langsam fließenden Gewässern.

ner Wüste« nennt L. Pietsch 1873 die ›Meistersinger‹. (›Danziger Zeitung‹, November 1873.)

Wechselbalg. »Ein musikalischer *Wechselbalg* sind die ›Meistersinger‹.« (Mand in der ›Didaskalia‹.)

Wegelagerer. Von einer Aufführung der Haydnschen ›Schöpfung‹ wußte Heinrich Dorn am 22. November 1877 in der ›Berliner Bürgerzeitung‹ zu berichten: »Die Berliner Sinfoniekapelle akkompagnierte, teils flüsternd, teils brausend, wie es der fürstlich Esterhazische Kammerlakai vorgeschrieben hatte, nur die unglücklichen Pauken dürften eher eine Lockspeise für den königlich bayrischen *Wegelagerer* gewesen sein.«

Weichselzopf. »Orchestrale Stimmungs- und Tonmalerei in einen *Weichselzopf* von Leitmotiven verflochten, bildet das Substrat für einen Gesang, der mit Ausnahme weniger Stellen wieder mit asketischer Beharrlichkeit jedem Chore oder Ensemble aus dem Wege geht und auf diesen einsamen Pfaden die entsetzlichsten Gesichter schneidet.« (Florestan: ›Richard Wagners Götterdämmerung‹ in der ›Wiener Sonn- und Montagszeitung‹ vom 24. Februar 1879.)

Wespe. Nach dem allbekannten Zitat:

> Wenn dich die Lästerzunge sticht,
> So lasse dir's zum Troste sagen:
> Die schlechten Früchte sind es nicht,
> Woran die *Wespen* nagen!

schließt der ungenannte Verfasser einer Broschüre: ›Der zukünftige Musik-Heiland Richard Wagner vor der öffentlichen Meinung‹ (Leipzig 1869) mit folgendem Postskriptum: »Besonders wenn es eine *Wespe* wie Wagner ist, die schon eher in die Kategorie der Schmarotzerfliegen gezählt werden darf, von der u. a. auch eine königliche Privatschatulle viel zu erzählen wüßte.«

Wiederkäuer. Über eine Lohengrinaufführung in Wien (am 4. Oktober 1870) schrieb L. Speidel im dortigen ›Fremdenblatt‹: »Das Haus war in allen Räumen besetzt und horchte der Oper mit unverbrüchlicher Aufmerksamkeit. Es muß im heutigen Opernpublikum ein leidenschaftlicher Hang, sich zu langweilen, vorhanden sein, anders ist diese Vorliebe für Wagners Musik kaum zu erklären, denn diese ist doch zumeist Kombinationsmusik, aus wenig und geringen Gedanken zusammengestellt, die sich unermüdlich wiederholen. Das Wagnersche Orchester, das mit unendlicher Geduld eine kleine Anzahl von Themen wieder und wieder verarbeitet, kann uns wohl wie ein kolossaler *Wiederkäuer* vorkommen.«

Wigalawaia-Wahnsinn. »Der Fleiß und die Ausdauer der Wagnerenthusiasten ist mit gewöhnlichen Worten nicht zu beschreiben, und man kann ihren lärmenden Lobesäußerungen nirgends mehr entgehen. Die Atmosphäre schwirrt von Lobgesängen und Hymnen in der Nibelungenstrophe oder in antiken Versmaßen und des *Wigalawaia-Wahnsinns* Walten hat fast die ganze Presse ergriffen, und kaum gibt es einen stillen Winkel in derselben, wo das nationale Unternehmen nicht in den siebenten Himmel erhoben wird; der ruhige Mensch läuft Gefahr, von den Korybanten zu Ehren des Musikpapstes in Stücke gerissen zu werden, wenn er nicht in ihr ›Evoë Wagner‹ einstimmt.« (Otto von Leixner, ›Berliner Börsenzeitung‹, 22. August 1876.)

Willa Wallhall-Weiha Laweih Wagner. Dieses Wortungeheuer findet sich in einem Briefe Fritz Reuters an den Bildhauer Bernhard Afinger, datiert Eisenach, den 16. September 1869. – – »Sie werden bei uns einen lieben und interessanten Besuch finden, den Professor von Budkowsky, der mich gemalt hat und sich jetzt angelegentlich mit meiner Frau beschäftigt; so wären denn drei freie Künste: die Plastik, die Malerei und, wenn ich so frei sein darf, auch die Poesie vertreten. Es fehlt, wie Sie sehen, nur noch ein Jünger der heiligen Cäcilia, ein Musiker, dann wäre das vierblätterige Kleeblatt fertig, und da habe ich denn so gedacht, ob wir uns nicht den *Willa Wallhall-Weiha Laweih Wagner* dazu einladen wollten, dann würden die vier freien Künste doch einmal unter einem Dache friedlich beisammen wohnen.«

Winkelpedant. »Wir erklären, daß das französische Publikum sehr wohl daran tut, sich gegen die lächerliche Tyrannei eines Dutzends Possenreißer zu empören, welche einer Nation, die Männer wie Rameau, Herold, Auber, die leuchtendsten Genies der Musik, hervorgebracht hat, Bewunderung für das kakophone Knirschen, Miauen, Kreischen und Heulen aufzwingen wollen, aus denen die Werke des Herrn Wagner zusammengesetzt sind, eines *Winkelpedanten*, der sich in Deutschland Renten macht, indem er Verachtung für unser Vaterland zur Schau trägt.« (›La Presse‹, Paris, November 1876; nach dem Skandal im Konzert Pasdeloup, am 29. Oktober 1876.)

Wirrwarr, musikalischer, ohrzerreißender: die ›Meistersinger‹! »Jeder Dilettant kann einen ähnlichen *Wirrwarr* hervorbringen, wie Wagner in seinen ›Meistersingern‹ mehrfach getan.« (R. Wüerst, Berlin.) – Ein bizarrer *Wirrwarr* ist nach Truhn das Lenz- und Liebeslied Siegmunds in der ›Walküre‹. (1873.)

Wirrwerk. »Richard Wagner hat mit den Lorbeeren von 15000 Mark – der für den Bayreuther Festspielfonds bestimmten Einnahme der ersten Aufführung seines *Wirrwerkes* ›Tristan und Isolde‹ – Berlin und seine Baronin Mäcenase (Gräfin Schleinitz) verlassen.« (›Montagszeitung‹, März 1876.)

Wischiwaschi. »Ein dramatisches *Wischiwaschi* ist das Textbuch zum ›Tannhäuser‹.« (Dr. Kalischer, 1872.)

Wolfsschlucht. Als Nürnberger *Wolfsschlucht*, bei der jeder Gedanke an Musik überhaupt aufhört, bezeichnete Hanslick 1866 das Vorspiel zu den ›Meistersingern‹. – Den ›Tristan‹ nannte L. Ehlert in der ›Deutschen Rundschau‹ (1876) eine *Wolfsschlucht* der Liebe. Dieser Ausdruck gefiel dem Berliner Buchhändler Erler, Referent des Berliner ›Fremdenblattes‹, dermaßen, daß er ihn in Kommission nahm. Erste Verwendung am 28. Februar 1883 in dem Berichte über das letzte Wüllnerkonzert: »Frl. Lilli Lehmann, welche den Liebestod der Isolde sang, hat uns eine Enttäuschung bereitet. Diese *Wolfsschlucht* der Liebe, die in exstasisch (!) abgerissenen Lauten stammelt, wurde durch die Sängerin zu frostig gedeutet und abgestandener Champagner will nicht recht munden.«

Wortgeklingel und Wortkram. Das ›Wiener Fremdenblatt‹ phantasierte 1869 anläßich der Rheingoldaufführung in München folgende Geschichte zusammen: »Weia! Waga! Woge, du Welle, walle zur Wiege! Wagalaweia! Wallala, weiala, weia! – In dieser Wallala-Weiala-Wey'-geschrien-Tonart geht es fort, und als es zur ersten Probe kam, stellte sich die große Verlegenheit heraus. Die armen Choristinnen (!!!) konnten dieses zungenbrechende Zeug nicht recht über die Lippen bringen. Eine nach der andern wurde vorgenommen, aber über das ›Waga weia‹ brachten sie es nicht, als es zu Wallala-Weiala kam, da stolperten sie insgesamt über diesen verwurzelten *Wortkram* und ratlos standen die Regisseure da. Ein Inspizient kam auf eine glückliche Idee. Von seiner Jugendzeit her, die er in der Judengemeinde zu Fürth verlebte, erinnerte er sich, daß dort die Judenmädchen zum Synagogenbesuche angehalten wurden und bei dieser Gelegenheit in die Synagogalgesänge mit einstimmten. Diese hebräischen Melodien hatten eine merkwürdige Ähnlichkeit mit dem *Wortgeklingel* im ›Rheingold‹ und er machte den Vorschlag, einige Töchter Israels für die Zwecke ›Rheingolds‹ zu gewinnen. Der Ratgeber ging auf Entdeckungsreisen aus. Mittlerweile erfuhr Wagner von diesem Schritte und gab sofort den Befehl, ihm ja nicht diesen Schmerz zu bereiten. Natürlich wurde dieser Vorfall in das tiefste Geheimnis gehüllt, und die armen Choristinnen (!!!) wurden so lange geplagt und gedrillt, bis sie sich in diesen linguistischen Purzelbäumen eingeübt hatten. ›Neidliches Volk‹, wie Wagner sagt, wird diese Geschichte nicht glauben.«

Wortklingelei, blödsinnige. »Selbst der Dichter-Komponist Wagner ist von der poetischen Sprache im ›Tannhäuser‹ wieder zu einer manchmal geradezu blödsinnigen *Wortklingelei* übergegangen.« (›Berliner Tageblatt‹, 1875.)

Wüsten. »Das Gemüt zu ersättigen vermag allein der Segen der Melodie. Nimmermehr werden wir uns deshalb geborgen fühlen in den deklamatorischen *Wüsten* des ›Tannhäuser‹ und ›Lohengrin‹.« (Gumprecht, Berlin, 1871.)

Z

Zeitgebrechen. Ein ›Reisebrief‹ von Heinrich Ehrlich (›Berliner Tageblatt‹, 3. Juni 1881) beginnt: »Drei Tage in München, dazwischen 40 Stunden strömenden Regens. Nicht hold war mir Jupiter pluvius; um desto gnädiger erwies sich der Musengott. Ich war zweimal bei Heyse, dem bezauberndsten Menschen und Dichter; er selbst durch Rheuma, durch einen lahmen Fuß an das Haus gefesselt, konnte mich nicht besuchen und sandte mir einen schriftlichen ›Reisesegen‹ und den scharmanten Vers über meine Wagnerartikel im ›Berliner Tageblatt‹:

Die ›Rose‹ mag man ›besprechen‹,
Austoben muß ein *Zeitgebrechen.*«

Zigeunertum. »In der letzten Zeit schien es sogar, als sollte Wien der Zufluchtsort für das höhere, durch Frankentum und Italienismus modifizierte *Zigeunertum* werden, welches gegenwärtig in Form von Zukunftsmusik und unter dem Namen Neudeutsche Schule, freilich mit geringem Erfolge, die Welt zu unterjochen sucht.« (S. Bagge, ›Deutsche Musikzeitung‹, 3. März 1860).

Zirkuskomödie. »Je mehr ich mich mit den ›Nibelungen‹ beschäftige, desto fester wird in mir die Überzeugung, daß kein ethisch gebildeter Opernfreund von der Darstellung dieser *Zirkuskomödie* ein Heil für die Kunst erwarten kann, und diese Überzeugung führt einfach zu dem Schlusse, daß die Tausende, welche von dem Bayreuther Unternehmen als dem großartigsten und erhabensten der Gegenwart sprechen, gar nicht wissen, um was es sich eigentlich handelt.« (Gustav Dullo: ›Richard Wagner. Ein Wort der Aufklärung über dessen Nibelungentrilogie.‹ 1872.)

Zuchthausstrafe. »Wagners Musik hören müssen, kommt gleich hinter der *Zuchthausstrafe.*« (R. Wüerst, 12. Juni 1867.)

Zukunftsamazonen, scilicet Mimicosikati's, diesen Ausdruck kombinierte Lienau aus den Namen Marie von Schleinitz, Cosima Wagner und Kathi Eckert. (›Echo‹, 1876, Nr. 13.)

Zukunftskomponierer. »Haydns B-Dur-Symphonie, das ist unvergängliche Musik und wohlgeeignet, als Balsam auf uns von *Zukunftskomponierern* moralisch zugefügte Arm- und Beinbrüche zu dienen.« (H. Mendel, ›Echo‹, 1871, Nr. 11.)

Zukunftsmusik. In der ›Niederrheinischen Musikzeitung‹ (1859, Nr. 41) schrieb Professor Ludwig Bischoff (Redakteur): »All die Ungegorenheit, der Schwindel, all die Eitelkeit, all die Selbstbespiegelung, all die Trägheit, der Zukunft zuzuschieben, was man selbst leisten müßte, all die Hohlheit und Salbaderei der ästhetischen Schwätzer – wie schön faßt sich das alles in dem einen Worte *Zukunftsmusik* zusammen.« – Der Begriff *Zukunftsmusik* ist schon früher geprägt worden. Die ›Signale‹ bringen in der ersten Nummer des Jahrgangs 1856 einen Bericht über Liszts Konzert in Berlin – der österreichischen Zeitung (welcher?) entnommen – mit folgender Kraftstelle: »Wenn man mit einem Worte sagen sollte, worin eigentlich das Wesen dieser *Zukunftsmusik* besteht, so würde dies eher zum Schaden als zugunsten dieser so anspruchsvoll aufgetretenen Richtung geschehen müssen. Denn man würde sie dann nur als hochmütig gespreizte Phrase bezeichnen können, die sich einbildet, neu und originell zu sein, wo sie nur das Gold der vorausgegangenen großen Meister zu blanken Spielpfennigen ausmünzt.« – In dem langen

Streite um Wagner hat der Ausdruck *Zukunftsmusik* Unzähligen als Schlachtruf dienen müssen, auch solchen Schreiern, die kaum mehr als dies eine Wort kannten! Das mißbrauchte und mißverstandene Wort hat übrigens seine Berechtigung. Die tröstliche Hoffnung auf eine kommende Zeit der Anerkennung hat unzähligen Neuerern, mochten sie nun Umsturz und Reformation auf ihre Fahnen geschrieben haben oder nützlichen Erfindungen und wichtigen Entdeckungen nachgehen, die Last des Daseins erleichtert. Nicht nur die Übeltäter, sondern auch die Wohltäter der Menschheit verfolgt man, und wer es wagt, die breite Heerstraße der Mittelmäßigkeit zu verlassen, um eigene Wege zu wandeln, an dessen Fersen heftet sich eine erbarmungslose Meute. Wagner hat den Leidenskelch eines in Deutschland gebornen Genies bis zur Hefe kosten müssen. Das Genie ist immer eine Beleidigung für den Durchschnittsmenschen, in Deutschland wird es unter die schwersten Injurien gerechnet, wenigstens von tausend tonangebenden Schreiern so behandelt. Der Leidende und seine Freunde erwarten dann zuversichtlich, es werde die Dornenkrone des Märtyrers sich einstmals in den Lorbeer des Siegers verwandeln. Als im Jahre 1830 eine Jugendarbeit Wagners – derselbe stand damals im 18. Lebensjahre – im Leipziger Gewandhause zur Aufführung gelangte und das etwas verblüffte Publikum den kopfschüttelnden Orchestermitgliedern beistimmte, da schon tröstete Heinrich Dorn den niedergeschlagenen Kunstjünger »mit der Zukunft«. In Schumanns ›Gesammelten Schriften‹, und zwar unter den ›Aufzeichnungen Florestans‹, Band I, S. 46, wird man die Bemerkung aus dem Jahre 1833 finden: »Eine Zeitschrift für *zukünftige Musik* fehlt noch!« Hillers Oratorium: ›Die Zerstörung Jerusalems‹ kam am 2. April 1840 in Leipzig zur Aufführung. Rob. Schumann sagt in seiner Beurteilung: »Vom ›Paulus‹ unterscheidet sich das Oratorium wesentlich; es neigt sich mehr nach der Zukunft hin.«

Als Wagner im Jahre 1844 nach Berlin kam, um die Proben zu seinem ›Holländer‹ zu überwachen, lernte er zwei Menschen in der großen fremden Stadt kennen, einen Mann und eine Frau, welche der Eindruck des eigenartigen Werkes ihm zugeführt hatte, von ihnen empfing er – nach seiner eigenen Aussage – »die erste bestimmte Genugtuung und Aufforderung für die eingeschlagene Richtung«. Der Mann war ohne Zweifel Carl Gaillard (gest. 1851), die »Frau« war Alwine Frommann, Malerin und Vorleserin der Prinzessin von Preußen, von der ich neulich las, sie wäre (1854) seit Jahren mit Wagner befreundet gewesen. Gaillard schrieb musikalische Berichte für die ›Signale‹, er beurteilte den ›Holländer‹ in der freundlichsten Weise, gründete und redigierte im Herbst 1844 die ›Berliner musikalische Zeitung‹, die Vorgängerin der ›Neuen Berliner Musikzeitung‹. Die vier Jahrgänge, welche unter seiner Leitung erschienen sind, umfassen den Zeitraum von 1844–47. Das genannte Blatt ist sehr selten geworden, ich sah bisher nur ein vollständiges Exemplar in der königlichen Bibliothek, das meinige enthält leider einige Lücken. Gaillard ist der erste Berliner gewesen, der für Wagner mit seiner gewandten Feder feuereifrig eintrat. Vor sechzig Jahren gehörte dazu ein kühner Mann. Die Bemerkung Burneys aus dem Jahre 1772, daß schon seit langer Zeit verschiedene Berliner Musiker bemüht seien, »die Welt in ihrem Laufe zu hemmen und zum Stillstehen zu bringen«, beweist klar, daß die Losung unserer Kritik von jeher »immer zaruck!« geheißen hat. Hans von Bülow durfte 1856 über »die bekannte geistige Myopie der Berliner Kritik« spotten, – noch lange nachher blieb es eine ziemlich gewagte Sache, für das Neue und speziell für Wagner, ohne Floskeln und Klauseln einzutreten. Gaillard besaß den nötigen Mut, und er hat ritterlich gekämpft für den genialen Freund, für den Störer des öffentlichen musikalischen Friedens. Er hat auch – ganz zufällig – das Seinige beigetragen, um die Idee *zukünftiger Musik* unter die Leute zu bringen. Das war so. In Nr. 24 des Jahrganges 1847 findet sich eine Notiz über Berlioz, welcher zu jener Zeit bemüht war, als Komponist in Deutschland be- und anerkannt zu werden. Gaillard scheint etwa dieselbe Empfindung gehabt zu haben wie Robert Schumann, der einmal behauptete, man wisse nicht recht, ob Berlioz ein Genie oder ein Abenteurer sei. Genug, der Berliner Redakteur war dem Pariser Kompositeur nicht eben grün. Das leuchtet aus jeder Zeile der nachstehenden Bemerkung hervor: »Schafft sich Herr Berlioz ein eigenes Orchester an, so mag er dirigieren, soviel es ihm beliebt, und seinen musikalischen Hokuspokus, genannt ›die neue Musik‹ oder ›die *Musik der Zukunft*‹, treiben.« Die Anführungszeichen lassen beinahe den Schluß zu, daß bereits im Jahre 1847 diese Bezeichnungen in musikalischen Kreisen verbreitet waren. Unter *Zukunftsmusikern* verstand man damals Chopin, Liszt, Berlioz; als Oberster dieser »Schwefelbande« galt Liszt. In einer Broschüre von H. Gottwald – sie erschien 1859 – findet sich die Notiz: »vor 15 bis 20 Jahren galt Liszt für den Chef der *Zukunftsmusik*«.

Die drei Häuptlinge der einstigen neuen Richtung: der *Zukunftsmusik*, die im Laufe der Zeit – Gegenwartsmusik geworden ist, sind – nach heutiger Schätzung – in alphabetischer Folge: Berlioz, Liszt, Wagner; tres faciunt collegium lautet ja der alte Spruch. Wir nennen als zusammengehörig: Haydn, Mozart, Beethoven; Goethe, Schiller, Lessing. Otto Gumprecht bezweifelte die Mission Wagners als Reformator des musikalischen Dramas, weil er so einzeln und allein aufträte, was ganz ungewöhnlich sei. Nur dem heiligen Ternarius zuliebe konstruierte man die Gruppe Bach, Händel, Gluck, rückte die drei großen »S« des 17. Jahrhunderts: Schütz, Schein, Scheidt nebeneinander, wie in der zweiten Hälfte des vorigen die drei großen »B«: Bach, Beethoven und Brahms auf dem Banner mancher Wagnerfeinde standen.

Gathy nennt 1835 als romantisches Dreigestirn: Chopin, Liszt, Schumann; Friedrich Kempe stellt schon 1852 Liszt, Wagner und Berlioz nebeneinander, eine Pariser Zeitung fügte 1853 Schumanns Namen hinzu. Aus einem Feuilleton der ›Signale‹ (1856, Nr. 35) geht hervor, daß selbst Robert Franz einmal zu den bedenklichen Neuerern gezählt wurde: »Haben Sie wohl gehört, sagte der Musikalienhändler zu dem Pianisten Taste, da begehren schon wieder einige überspannte Abonnenten Sachen von Franz, Schumann, Liszt und Wagner!« Chopin, Liszt und Ferdinand Hiller nannte man in Paris einst: »les trois jeunes gens impossibles«.

Hans von Bronsart schrieb 1857: »Das Aachener Musikfest hat diesmal wesentlich die neuere Schule vertreten, als deren Koryphäen Berlioz, Liszt, Schumann und Wagner bekannt sind.«

Eine merkwürdige, für die heutige Generation kaum noch verständliche Erörterung enthält die 1859 gedruckte Broschüre: ›Hans von Bülow und die Berliner Kritik.‹ Welche Wandlung innerhalb fünfzig Jahren! Der ungenannte Verfasser schreibt: »Namen wie Franz Schubert, Robert Schumann und Richard Wagner lassen sich nicht mehr aus der Geschichte der Musik streichen. Mühsam, in schwerem, oft vernichtendem Kampfe angegriffen, verkannt, verleumdet, zu Tode gequält, haben sie sich Schritt für Schritt ihr Terrain erobert, Schubert und Schumann sind darüber untergegangen, und wer mag sagen, ob Wagner glücklicher ist? Schubert und Schumann, vor zehn Jahren noch der Unfähigkeit und Ideenarmut beschuldigt, herrschen in den Konzertsälen, Richard Wagner in der Oper.

Die Fluten der Schubertschen, Schumannschen und Wagnerschen Musik sind eingedrungen in die Säle und in die Herzen.«

Emil Naumann führt in seiner Musikgeschichte (1880) als »Neuromantiker« Berlioz, Chopin, Liszt und Wagner an; aus demselben Jahre stammt ein Zitat von Blaze de Bury: »Berlioz, Wagner et l'abbé Liszt, le Père, le Fils et le Saint-Esprit«; zu dieser musikalischen Dreifaltigkeit mag die Welt noch lange gläubig emporblicken. Selbst Alfred v. Wolzogen würde sich darein finden müssen, wenn er lebte. Er schilderte 1857 in der Augsburger ›Allgemeinen Zeitung‹ »die musikalischen Leiden der Gegenwart« und klagte: »Seht da das Triumvirat im neuen Reiche der Tonkunst, den Paukenschwärmer Hektor Berlioz, den alle Künste in sein Zukunftswerk schlingenden und so in einen scharmanten Urbrei auflösenden Richard Wagner und den phantastischen Überläufer vom Virtuosentum Franz Liszt.«

Im Jahre 1850 erschien Wagners Schrift: ›Das Kunstwerk der Zukunft‹; dieser Titel mag auch dazu beigetragen haben, die Vokabel *Zukunftsmusik* populär zu machen. Franz Liszt schließt seinen Brief über das Karlsruher Musikfest (1853) mit den Worten: »Nehmen wir den Fehde-Handschuh ohne Unruhe und Sorge auf und beharren wir im Bewußtsein unseres guten Rechtes – und unserer Zukunft.« Wagner und seine Anhänger adoptierten in jovialer Laune den Spottnamen, und der Meister veröffentlichte 1861 unter dem Titel ›*Zukunftsmusik*‹ seinen bekannten Brief an einen französischen Freund. (Er ist datiert: Paris, im September 1860.) Das Höhnen und Witzeln dauert nun schon ein halbes Jahrhundert, die *Zukunftsmusik* ist zum geflügelten Worte geworden, das in keiner Auflage des ›Büchmann‹ fehlen darf. Die Wiener ›Deutsche Musikzeitung‹ sprach 1861 spottend von »zukunftslosen Musikern der Zukunft« und eine unserer letzten Dichterinnen, Frau oder Frl. Meta Wellmer, reimte 1871 folgendes Impromptü gegen die verhaßte *Zukunftsmusik*:

> Der *Zukunft Musik* dereinst oben
> Wird hoffentlich anders sein;
>
> Sonst möcht' ich nach hiesigen Proben
> Nicht in den Himmel hinein.

(Na, denn nicht, liebe Frau!)

Nach Anhörung von ›Tristan und Isolde‹ meinte ein Franzose, er wisse nun, warum diese Musik *musique de l'avenir* heiße: car on croit toujours que ça va venir. Diesen »Witz« kolportierte auch L. Speidel in seiner Kapuzinade gegen Wagners ›Rheingold‹, dessen Aufführung in Wien am 24. Januar 1878 stattfand. »Es ist die Musik der guten Hoffnung, äußerte sich einer unserer Freunde, als er das Haus verließ; man hofft immer, nun werde etwas Gutes kommen – aber man hofft nur, um wieder zu hoffen.«

Mit einer gar nicht so üblen Ansicht will ich schließen. Die in Neapel erscheinende Zeitung ›L'Occhialetto‹ schrieb am 5. März 1881 anläßlich einer Lohengrinaufführung: »Le nozze dell' energico e siero genio allemanno con la dolce musa italiana – la vera *musica dell' avvenire*!«

Zukunftspatronatien.

Ach, nach *Zukunfts-Patronatien*
Möcht' ich mit betäubten Grazien,
Wo der Nerv zu Scherben klirrt,
Wo der Lorbeer, hoch und schattig,
Nickel trägt – und die Grammatik
Stumm ans Kreuz geschlagen wird!

(Berliner ›Montagszeitung‹, 17. April 1876.) – (Lieb Vaterland, magst ruhig sein: es gibt noch deutsche Dichter! Der Sammler.)

Zukunftsroßnatur. Einer solchen bedarf es nach L. Poyssls Versicherung, um nicht zum Gegenwartsopfer für Wagners Zukunftshoffnungen zu werden. (›Allg. Deutsche Musikzeitung‹, 1875, Nr. 36.)

Zukunftszapperlpolka. »In Wien ist es Mode, daß die Damen beim Kotillon in 10 bis 15, die ganze Breite des Saales einnehmenden Reihen aufgestellt werden, um nach dem Klange einer Zapperlpolka vor der Männerwelt vorbeizudefilieren. Auch auf dem Straußschen Benefizballe wurde dieses reizende Manöver aufgeführt und Strauß hatte für dieses Defilieren eine eigene *Zukunftszapperlpolka* komponiert, die er Wagner zu Ehren ›Ritt der Walküren‹ getauft.« (›Signale‹, 1863, Nr. 11.)

Zwerg. »Ein *Zwerg* auf den Schultern Glucks ist Richard Wagner.« (›Montagszeitung‹, Berlin, September 1874.)

Zwitterding. »Das Werk aber, das uns Wagner als Kunstwerk der Zukunft hinstellte, ist trotz einzelner großartiger und bedeutender Züge ein alles Gesetz und Herkommen mißachtendes, formloses, absurdes, schablonenhaft gearbeitetes, in seinem trostlosen und gesangswidrigen Sprechgesange unschönes *Zwitterding* zwischen Oper und Drama, das nur eine negative Bedeutung für die Gegenwart haben und für die Kunstgeschichte behalten kann.« (H. M. Schletterer: ›Rich. Wagners Bühnenfestspiel‹, 1876.)